주제별 단기완성

기적특강

제대로 알면
눈에 쏙 박히는
사자성어

초등 **2~4** 학년

길벗스쿨

머리말

어디서 주워들었으나
정확하게 몰라서
요상하게 쓰는 표현이 있다

속담이나 관용어, 사자성어를 조금 안다는 친구들의 웃지 못할 상황을 보고 요즘 아이들의 어휘력을 의심하기 시작했다. 어찌 보면 어른들에게는 익숙한 이런 표현이 하나하나 제대로 배운 적이 없는 아이들에게는 생소하고 낯설게 느껴지겠구나 싶었다.

속담, 관용어, 사자성어는 짧은 표현이지만, 그 안에 다양한 상황이나 문화적 맥락을 담고 있어서 정확한 뜻과 쓰임을 제대로 배워야 다른 여러 상황에서 요긴하게 써먹을 수 있다. 대충 알고 쓰다가 자칫 빈약한 어휘력을 들키기 전에 국어 상식 어휘라 할 수 있는 속담, 관용어, 사자성어 학습으로 어휘력을 제대로 충전시키자.

속담, 관용어, 사자성어란 무엇인가?

속담(俗談)은 오랜 옛날부터 구전되어 온 말이다. 짧은 문장 속에는 옛사람들의 삶의 지혜가 담겨 있고, 소소한 이야기도 숨어 있어서 그 뜻을 알아 갈수록 재미가 있다. 옛말이긴 하지만 상황에 따라 지금 사용해도 절묘하게 맞아떨어져서 많은 사람이 여전히 속담을 즐겨 쓴다.

관용어(慣用語)란 둘 이상의 단어가 결합해 표면적인 뜻과는 전혀 다른 의미로 굳어져서 쓰이는 말을 뜻한다. 일상적으로 쓰는 표현이어서 다 아는 말이 아닌가 싶지만, 글자 그대로 해석하면 고유한 의미에서 벗어나기 때문에 뜻을 정확하게 알아야 써먹을 수 있다.

한자가 둘 이상 결합하여 만들어진 말을 한자(漢字) 성어(成語)라고 한다. 이 중에서 네 글자로 이루어진 한자 성어를 사자성어(四字成語)라 하고, 옛이야기에서 유래한 말을 고사성어(故事成語)라 한다. 기적특강에는 초등학생이 알아 두면 유용한 사자성어를 중점적으로 뽑았다. 어떤 것을 설명할 때 구구절절 풀어 쓰기보다 네 글자로 짧고 굵게 표현할 수 있는 약어(略語)의 고전, 사자성어를 배워 두자.

왜 속담, 관용어, 사자성어를 배워야 하는가?

간결한 표현 속에 명확한 뜻을 담고 있어서, 말과 글을 효율적으로 사용할 수 있다. 무엇인가를 설명할 때 장황하게 이야기하지 않아도 맥락에 맞는 적절한 어휘를 쓰게 되면 나의 의도를 단박에 전할 수 있고 상대의 생각을 바로 이해하는 데도 도움이 된다.

관용 표현은 우리말의 재미와 문화적 상황을 담고 있다. 정확한 표현을 적절하게 사용할 때 내 생각은 물론 다른 사람의 생각을 이해하는 데 도움이 되기 때문에 의사소통이 원활해진다. 따라서 제대로 알게 되면 그 뜻이나 쓰임에 대한 이해도가 높아져서 어휘력은 물론 독해력, 나아가서는 문해력까지 길러진다.

많이 아는 것도 좋지만, 제대로 알아 두는 게 더 중요하다. 어떤 표현 하나를 쓰더라도 정확한 뜻을 알고 쓰는 것과 대충 쓰는 것은 표현에서 하늘과 땅 차이를 만든다.
기적특강 어휘 3종은 초등학생이라면 꼭 알아 두어야 할 속담과 관용어, 사자성어를 96개씩 선정하여 전방위 어휘 학습을 제안한다. 한 컷 만화를 곁들인 기적쌤의 특강을 통해 어휘의 뜻과 활용을 정확히 파악하고, 다양한 퀴즈로 학습 어휘를 한 번 더 기억하자. 3, 6, 9일 차에는 독해 지문에 적용하여 학습 어휘의 의미를 되짚어 볼 수 있다. 속담, 관용어, 사자성어 중에서 한 권을 완주하게 되면, 플러스 어휘를 포함 약 150개 정도 되는 어휘를 제대로 학습하게 된다.

구슬이 서 말이라도 꿰어야 보배라고 했다. 여기 기적특강 어휘 3종을 통해 배운 어휘를 일상에서 꼭 한 번씩 써 보길 바란다. 한 번쯤 들어 봐서 그 뜻을 어렴풋이 짐작만 하고 있거나 잘못 알고 있지는 않은지 점검해 보자. 잘못 알고 있다면 이 책에 나온 어휘의 정확한 뜻과 용례까지 기억해 두었다가 적절한 때 알맞게 사용해 보는 것도 좋겠다.

기적특강 어휘 3종으로 우리말과 글에 대한 공부를 재미있게, 제대로 하다 보면 어제와 다르게 일취월장(日就月將)하는 나의 언어생활을 발견하게 될 것이다.

단언컨대 지금 알아 두는 속담, 관용어, 사자성어 등은 여든을 넘어 백 세까지 간다.

어린이일 때 채울 수 있는 말과 글 그릇이 제법 옹골차고 다부지길 희망하며
2023년 봄, 기적학습연구소 국어 팀 일동

구성과 특징

전방위 어휘 학습 설계

각 권은 총 40day로 구성되어 있다. 각 권의 학습 어휘는 일상에서 가장 많이 쓰이는 초등 필수 어휘 96개를 비롯하여 비슷한말, 반대말, 참고할 어휘 등 약 150개 정도 된다.

[1]한 컷 만화로 배우고, [2]퀴즈로 기억하고, [3]독해로 적용하여 [4]총정리까지 마치면 어휘력 충전이 완료된다.

 오늘의 사자성어 네 가지를 한 컷 만화와 기적쌤의 특강으로 배워요!

오늘의 어휘

하루 네 가지의 사자성어를 학습한다. 한 컷 만화에 담긴 어휘의 의미를 유추해 보기도 하고, 어떻게 활용하는지도 확인하면서 맥락과 상황을 이해한다.

+어휘

어려운 낱말의 뜻, 학습 어휘와 비슷한 뜻을 가지거나 반대의 뜻을 가진 어휘, 참고할 어휘도 더불어 배운다.

 퀴즈를 풀면서 배운 사자성어를 기억해요!

+퀴즈! 퀴즈!

앞에서 배운 어휘를 잘 기억하고 있는지 간단한 퀴즈를 통해 다시 확인한다. 초성 퀴즈, OX 퀴즈, 빈칸 채우기, 퍼즐, 사다리 타기, 선 긋기 등 다양한 형태의 퀴즈를 풀면서 학습 어휘의 뜻과 쓰임을 알아보자.

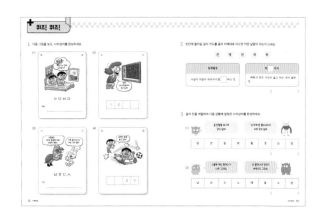

▶ 10day 학습 설계가 4번 반복

1 day	2 day	3 day	4 day	5 day	6 day	7 day	8 day	9 day	10 day
1단계 오늘의 어휘 2단계 +퀴즈 퀴즈	1단계 오늘의 어휘 2단계 +퀴즈 퀴즈	3단계 어휘 먹고, 독해 먹고	1단계 오늘의 어휘 2단계 +퀴즈 퀴즈	1단계 오늘의 어휘 2단계 +퀴즈 퀴즈	3단계 어휘 먹고, 독해 먹고	1단계 오늘의 어휘 2단계 +퀴즈 퀴즈	1단계 오늘의 어휘 2단계 +퀴즈 퀴즈	3단계 어휘 먹고, 독해 먹고	4단계 척 하면 착! 총정리

독해로 어휘력 상승!

어휘 먹고, 독해 먹고

3, 6, 9day 차에는 학습 어휘가 적용된 지문을 읽고, 독해 훈련도 한다. 어휘 학습이 충분히 되었다면, 문맥을 파악하기가 훨씬 쉽다.

주제 찾기, 세부 내용 확인하기, 어휘 추론 등으로 독해력까지 끌어올린다.

배운 사자성어를 단번에 정리하면 어휘력 충전 완료!

척 하면 착! 사자성어 총정리

10day 차에는 1~9day에 배운 24개의 학습 어휘를 모았다. 주어진 뜻을 가진 학습 어휘를 완성하거나 학습 어휘의 정확한 뜻을 가려내어 정리해 본다. 이쯤 되면 배운 어휘는 척 하면 착 대답할 수 있게 된다.

차례

1장 · 능력과 태도	1 day	오늘의 어휘	일취월장 日就月將	박학다식 博學多識	오매불망 寤寐不忘	견물생심 見物生心	10쪽
	2 day	+퀴즈! 퀴즈!	개과천선 改過遷善	결자해지 結者解之	고군분투 孤軍奮鬪	태연자약 泰然自若	14쪽
	3 day	어휘 먹고, 독해 먹고					18쪽
	4 day	오늘의 어휘	군계일학 群鷄一鶴	작심삼일 作心三日	대기만성 大器晚成	선견지명 先見之明	20쪽
	5 day	+퀴즈! 퀴즈!	반신반의 半信半疑	청출어람 靑出於藍	우공이산 愚公移山	소탐대실 小貪大失	24쪽
	6 day	어휘 먹고, 독해 먹고					28쪽
	7 day	오늘의 어휘	다재다능 多才多能	수수방관 袖手傍觀	요지부동 搖之不動	의기양양 意氣揚揚	30쪽
	8 day	+퀴즈! 퀴즈!	노심초사 勞心焦思	조삼모사 朝三暮四	막상막하 莫上莫下	마이동풍 馬耳東風	34쪽
	9 day	어휘 먹고, 독해 먹고					38쪽
	10 day	척 하면 착! 사자성어 총정리					40쪽
2장 · 관계	11 day	오늘의 어휘	관포지교 管鮑之交	견원지간 犬猿之間	감탄고토 甘呑苦吐	상부상조 相扶相助	44쪽
	12 day	+퀴즈! 퀴즈!	근묵자흑 近墨者黑	반포지효 反哺之孝	역지사지 易地思之	표리부동 表裏不同	48쪽
	13 day	어휘 먹고, 독해 먹고					52쪽
	14 day	오늘의 어휘	십시일반 十匙一飯	순망치한 脣亡齒寒	동고동락 同苦同樂	타산지석 他山之石	54쪽
	15 day	+퀴즈! 퀴즈!	살신성인 殺身成仁	주객전도 主客顚倒	이심전심 以心傳心	독불장군 獨不將軍	58쪽
	16 day	어휘 먹고, 독해 먹고					62쪽
	17 day	오늘의 어휘	죽마고우 竹馬故友	유유상종 類類相從	적반하장 賊反荷杖	동상이몽 同牀異夢	64쪽
	18 day	+퀴즈! 퀴즈!	안하무인 眼下無人	어부지리 漁夫之利	동병상련 同病相憐	배은망덕 背恩忘德	68쪽
	19 day	어휘 먹고, 독해 먹고					72쪽
	20 day	척 하면 착! 사자성어 총정리					74쪽

3장 · 말과 행동	**21 day**	오늘의 어휘 +퀴즈! 퀴즈!	감언이설 甘言利說	묵묵부답 默默不答	유언비어 流言蜚語	자화자찬 自畵自讚	78쪽
	22 day		시시비비 是是非非	분골쇄신 粉骨碎身	와신상담 臥薪嘗膽	자가당착 自家撞着	82쪽
	23 day	어휘 먹고, 독해 먹고					86쪽
	24 day	오늘의 어휘 +퀴즈! 퀴즈!	과유불급 過猶不及	경거망동 輕擧妄動	일구이언 一口二言	중언부언 重言復言	88쪽
	25 day		솔선수범 率先垂範	동분서주 東奔西走	우유부단 優柔不斷	주경야독 晝耕夜讀	92쪽
	26 day	어휘 먹고, 독해 먹고					96쪽
	27 day	오늘의 어휘 +퀴즈! 퀴즈!	동문서답 東問西答	심사숙고 深思熟考	언행일치 言行一致	결초보은 結草報恩	98쪽
	28 day		자포자기 自暴自棄	이실직고 以實直告	어불성설 語不成說	산전수전 山戰水戰	102쪽
	29 day	어휘 먹고, 독해 먹고					106쪽
	30 day	척 하면 착! 사자성어 총정리					108쪽
4장 · 일의 상황	**31 day**	오늘의 어휘 +퀴즈! 퀴즈!	다다익선 多多益善	속수무책 束手無策	오리무중 五里霧中	함흥차사 咸興差使	112쪽
	32 day		구사일생 九死一生	고진감래 苦盡甘來	다사다난 多事多難	진퇴양난 進退兩難	116쪽
	33 day	어휘 먹고, 독해 먹고					120쪽
	34 day	오늘의 어휘 +퀴즈! 퀴즈!	일석이조 一石二鳥	금시초문 今始初聞	전화위복 轉禍爲福	풍전등화 風前燈火	122쪽
	35 day		유비무환 有備無患	망연자실 茫然自失	명명백백 明明白白	청천벽력 靑天霹靂	126쪽
	36 day	어휘 먹고, 독해 먹고					130쪽
	37 day	오늘의 어휘 +퀴즈! 퀴즈!	오비이락 烏飛梨落	자업자득 自業自得	희로애락 喜怒哀樂	구우일모 九牛一毛	132쪽
	38 day		금상첨화 錦上添花	만사형통 萬事亨通	호사다마 好事多魔	사필귀정 事必歸正	136쪽
	39 day	어휘 먹고, 독해 먹고					140쪽
	40 day	척 하면 착! 사자성어 총정리					142쪽

** 정답 및 해설 146쪽 | 어휘 찾아보기 158쪽

능력과 태도

능력은 무엇을 하는 힘이고, 태도는 무엇을 대하는 자세야.

사람의 능력과 태도를 나타내는 사자성어가 꽤 많아!

이번 장에서 능력이나 태도와 관련된 사자성어에 대해 배워 볼까?

● 학습 계획표 ●

공부한 날		학습 내용	확인
1 day	/	오늘의 어휘 1 ~ 6	
2 day	/	오늘의 어휘 7 ~ 12	
3 day	/	어휘 먹고, 독해 먹고	
4 day	/	오늘의 어휘 13 ~ 16	
5 day	/	오늘의 어휘 17 ~ 22	
6 day	/	어휘 먹고, 독해 먹고	
7 day	/	오늘의 어휘 23 ~ 30	
8 day	/	오늘의 어휘 31 ~ 36	
9 day	/	어휘 먹고, 독해 먹고	
10 day	/	척 하면 착! 사자성어 총정리	

오늘의 어휘

1 일취월장 | 日 날 일　就 나아갈 취　月 달 월　將 장수 장

실력이 점점 늘고 있어!

한 친구가 발로 공을 이리저리 차면서 몰고 있어. 그런데 실력이 점점 늘고 있군. 이럴 때 '일취월장'이라는 말을 써.

'일취월장'은 나날이 다달이 자라거나 발전하는 것을 이르는 말이야.

2 비 **일진월보**: 나날이 다달이 계속하여 발전함.

└ 日 날 일　進 나아갈 진　月 달 월　步 걸음 보

이렇게 써먹자~ 날마다 열심히 연습했더니 내 수영 실력이 **일취월장**했어. 어제 드디어 형을 이겼다니까.

3 박학다식 | 博 넓을 박　學 배울 학　多 많을 다　識 알 식

사람들은 100미터 달리기 경기를 제1회 올림픽 대회 때부터 했어.

역시 거북 할아버지는 아는 것이 많아.

거북 할아버지가 토끼에게 사람들이 언제부터 달리기 경주를 했는지에 대해 알려 주고 있어. 거북 할아버지는 참 아는 것도 많네.

이처럼 배워서 얻은 지식이 넓고 아는 것이 많은 것을 뜻하는 말이 '박학다식'이야.

4 반 **일자무식**: 글자를 한 자도 모를 정도로 무식함. 또는 그런 사람.

└ 一 하나 일　字 글자 자　無 없을 무　識 알 식

이렇게 써먹자~ 삼촌은 책을 많이 읽어서 모르는 것이 없어. 정말 **박학다식**한 사람이지.

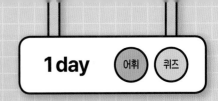

5 오매불망 | 寤 깰오 寐 잠잘매 不 아닐불 忘 잊을망

도대체 게임기는 언제 도착하지?

잠을 잘 때도, 잠에서 깨어났을 때도 계속 게임기가 도착하기만을 기다리는 아이가 있네. 이런 태도를 나타내는 말이 '오매불망'이야.

'오매불망'은 자나 깨나 잊지 못함을 뜻해. 그리운 대상을 몹시 기다리는 모습을 나타낼 때 주로 쓰는 말이지.

이렇게 써먹자~ 그동안 **오매불망** 기다렸던 아빠가 드디어 이번 주말에 출장에서 돌아오신대.

6 견물생심 | 見 볼견 物 만물물 生 날생 心 마음심

완전 내 스타일이야. 갖고 싶어.

한 아주머니가 홈 쇼핑에서 팔고 있는 신발을 보더니 갖고 싶은 마음이 들었나 봐. 이 아주머니처럼 어떤 물건을 보고 갖고 싶은 마음이 들었던 때가 있지? 이럴 때 '견물생심'이라는 말을 써.

어떠한 것을 보게 되면 그것을 가지고 싶은 욕심이 생김을 뜻하는 말이지.

이렇게 써먹자~ 교실에서 동전을 주웠는데 **견물생심**에 가질까 하다가 그냥 주인을 찾아 주었어.

1 다음 그림을 보고, 사자성어를 완성하세요.

(1)

게임기는 언제 도착하지?

ㅇㅁㅂㅁ

➡ _____

(2)

완전 내 스타일이야. 갖고 싶어.

| 견 | 물 | | |

(3)

사람들은…… 제1회 올림픽 대회 때부터 했어.

거북 할아버지는 아는 것이 많아.

ㅂㅎㄷㅅ

➡ _____

(4)

실력이 점점 늘고 있어!

| | | 월 | 장 |

2 빈칸에 들어갈 글자 카드를 골라 차례대로 이으면 어떤 낱말이 되는지 쓰세요.

| 견 | 명 | 전 | 하 | 학 |

일취월장
나날이 다달이 자라거나 발 □ 하는 것.

박 □ 다식
배워서 얻은 지식이 넓고 아는 것이 많은 것.

(   )

3 글자 칸을 색칠하여 다음 상황에 알맞은 사자성어를 완성하세요.

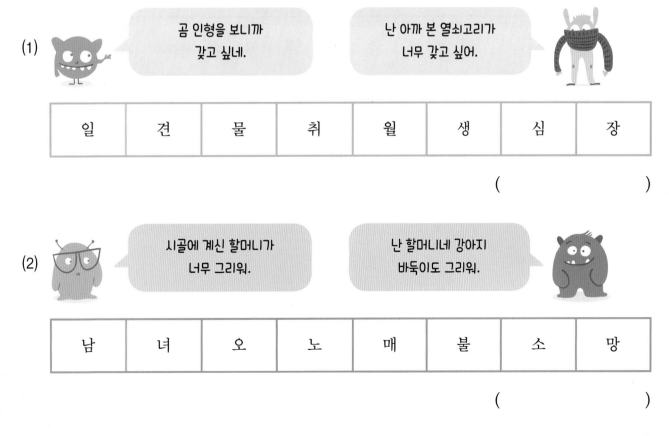

(1)

곰 인형을 보니까 갖고 싶네.

난 아까 본 열쇠고리가 너무 갖고 싶어.

| 일 | 견 | 물 | 취 | 월 | 생 | 심 | 장 |

(   )

(2)

시골에 계신 할머니가 너무 그리워.

난 할머니네 강아지 바둑이도 그리워.

| 남 | 녀 | 오 | 노 | 매 | 불 | 소 | 망 |

(   )

오늘의 어휘

7 개과천선 | 改 고칠 개　過 지날 과　遷 옮길 천　善 착할 선

이제 욕심을 부리지 않을 거야.

놀부

놀부가 그동안의 잘못을 뉘우치면서 이제 욕심을 부리지 않겠다고 말하고 있어. 놀부의 이런 태도를 나타내는 말이 바로 '개과천선'이야.

'개과천선'은 지난날의 잘못이나 *허물을 고쳐 올바르고 착하게 되는 것을 뜻하는 말이야.

＊**허물**: 잘못 저지른 실수.

이렇게 써먹자~ 욕심이 많은 할아버지가 **개과천선**해서 이웃에게 베풀며 살았대.

8 결자해지 | 結 맺을 결　者 놈 자　解 풀 해　之 갈 지

제가 엉클어뜨렸으니 제가 풀게요.

엄마가 엉켜 있는 털실뭉치를 들고 있어. 아이는 자신이 엉클어뜨렸으니 자신이 풀겠다고 하네. 이런 태도를 나타내는 말이 '결자해지'야.

'결자해지'를 한자 그대로 풀이하면 맺은 사람이 풀어야 한다는 말이야. 자기가 저지른 일은 자기가 해결한다는 뜻이지.

비 9 **문 연 놈이 문 닫는다**: 무엇이든 처음 하던 사람이 그 일의 끝을 내야 한다는 말.

이렇게 써먹자~ **결자해지**라는 말처럼 교실을 어질러 놓은 몇몇 아이들이 스스로 나서서 청소를 했어.

10 고군분투 | 孤 외로울 고 軍 군사 군 奮 떨칠 분 鬪 싸움 투

한 명의 군사가 여러 명의 적군과 외롭게 싸우고 있어. 참 힘들겠지?

이처럼 다른 사람의 도움을 받지 않고 혼자 또는 적은 수의 사람으로 힘든 일을 하는 것을 뜻할 때 '고군분투'라는 말을 써.

11 **비 악전고투**: 힘들고 어려운 조건에서 힘을 다해 싸움.

└ 惡 악할 악 戰 싸울 전 苦 괴로울 고 鬪 싸움 투

이렇게 써먹자~ 엄마는 혼자서 **고군분투**하며 동네잔치를 준비하셨어.

12 태연자약 | 泰 클 태 然 그럴 연 自 스스로 자 若 같을 약

답을 하나도 모르겠지만 괜찮아.

시험을 보고 있는데 답을 하나도 모르겠나 봐. 그런데 하나도 당황하지 않네. 이런 태도를 나타내는 말이 '태연자약'이야.

마음에 어떠한 자극을 받아도 흔들림이 없이 아무렇지 않음을 뜻하는 말이지. 이 말은 어떤 일을 당해도 평온한 모습을 가리킬 때 써.

*평온하다: 조용하고 평안하다.

이렇게 써먹자~ 길을 가다가 넘어졌는데 **태연자약**하게 행동했어. 아무렇지도 않은 듯 일어나서 그냥 걸어갔지.

퀴즈! 퀴즈!

기적특강

1 다음 그림을 보고, 사자성어를 완성하세요.

(1)

ㅌ ㅇ ㅈ ㅇ

➡ _____

(2)

이제 욕심을 부리지 않을 거야.

놀부

ㄱ ㄱ ㅊ ㅅ

➡ _____

(3)

| 고 | 군 | | |

(4)

제가 엉클어뜨렸으니 제가 풀게요.

| | | 해 | 지 |

2 다음과 비슷한 뜻을 가진 사자성어가 되도록 주사위를 고르고, 두 수의 합을 구하여 쓰세요.

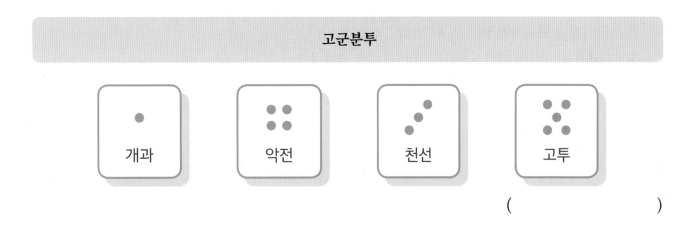

고군분투

개과 ·   악전 ∷   천선 ⦙   고투 ∷⋅

(   )

3 다음 사다리를 따라가 사자성어에 어울리는 상황이면 ○표, 어울리는 상황이 <u>아니면</u> ×표 하세요.

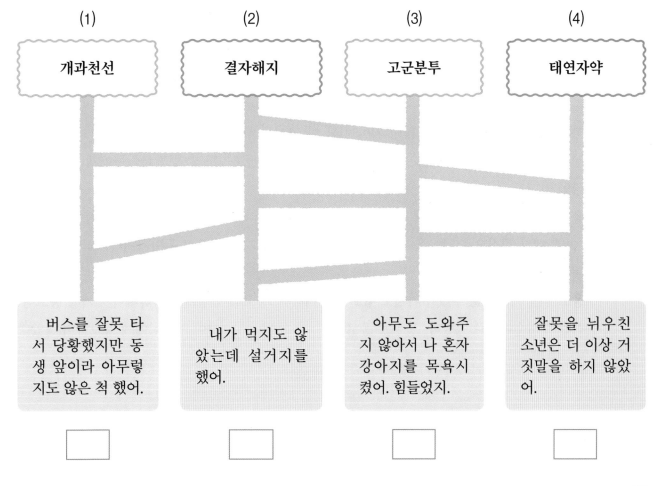

(1) 개과천선   (2) 결자해지   (3) 고군분투   (4) 태연자약

버스를 잘못 타서 당황했지만 동생 앞이라 아무렇지도 않은 척 했어.

내가 먹지도 않았는데 설거지를 했어.

아무도 도와주지 않아서 나 혼자 강아지를 목욕시켰어. 힘들었지.

잘못을 뉘우친 소년은 더 이상 거짓말을 하지 않았어.

어휘 먹고, 독해 먹고

1 ⊙과 관계있는 사자성어를 두 가지 고르세요. (   )

> "이제는 넘어지지 않고 잘 타는데?"
>
> 아빠가 나에게 엄지손가락을 치켜 올리며 말했다.
>
> 나는 지난주부터 아빠와 함께 매일 인라인스케이트를 연습했다. 처음에는 한 발짝도 가지 못하고 계속 넘어지기만 했다. ⊙그런데 어느 순간 조금씩 앞으로 가더니 지금은 원하는 방향으로 어디든 갈 수 있을 정도로 실력이 부쩍 늘었다.
>
> "우리 이번 주말에 인라인스케이트 타고 한강 공원에 갈까? 가서 맛있는 김밥도 먹고, 시원한 아이스크림도 먹자."
>
> "좋은 생각이에요!"

① 견물생심   ② 고군분투   ③ 결자해지

④ 일취월장   ⑤ 일진월보

2 ⊙에 들어갈 사자성어로 알맞은 것은 무엇인가요? (   )

> "아, 그동안 내가 죄를 너무 많이 지어 지금 이 고생을 하는가보다. 가짜 옹고집이 내 *행세를 해서 집에서도 쫓겨나고. 하긴 병들고 늙은 어머니를 잘 돌보지도 않았고 사람들에게 너무 못되게 굴었지."
>
> 옹고집은 뒤늦게 잘못을 뉘우쳤지만 너무 늦은 것 같았다. 그때 옹고집 앞에 한 도사가 나타났다.
>
> "이제 네가 진심으로 잘못을 뉘우쳤으니 이 *부적을 가지고 집으로 돌아가거라. 그러면 모든 것이 제자리로 돌아갈 것이다."
>
> 옹고집은 도사가 준 부적을 가지고 집으로 달려갔다. 옹고집이 집에 도착하자마자 가짜 옹고집은 순식간에 허수아비로 변했다. 그 뒤로 옹고집은 [⊙   ] 하여 어머니에게 효도하며 살았다.
>
> *행세: 다른 사람인 것처럼 행동하는 것.
> *부적: 재앙을 막고 악귀를 쫓기 위해 쓰는, 붉은 글씨나 무늬가 그려진 종이.

① 개과천선   ② 박학다식   ③ 견물생심

④ 태연자약   ⑤ 오매불망

[3~5] 다음 글을 읽고, 물음에 답하세요.

> 부모님과 함께 정약용 유적지에 갔다. 정약용은 정치, 경제, 농업 등 거의 모든 분야의 지식을 갖춘 ㉠견물생심한 조선 시대의 유명한 학자이다. 유적지 안에는 정약용의 생가인 여유당, 문화관, 기념관 등이 있었다.
>
> 우리는 가장 먼저 문화관을 둘러보았다. 문화관 입구에는 정약용이 쓴 책 제목들이 적혀 있었다. 정약용은 ㉡오매불망하던 고향에 돌아오기까지 약 18년 동안 *유배 생활을 하며 500여 권 정도의 책을 썼다고 한다. 500여 권의 책을 읽기도 힘들 것 같은데, 500여 권의 책을 썼다니…… 늘 책을 가까이하며 살았던 정약용의 삶을 조금이나마 엿볼 수 있었다.
>
> * 유배: 죄인에게 형벌을 주어 먼 시골이나 섬으로 보냄.

3 글쓴이가 간 곳은 어디인지 쓰세요.

• (   ) 유적지

4 ㉠을 바르게 고쳐 쓴 것은 무엇인가요? (   )

① 박학다식한　　　　　　② 결자해지한
③ 개과천선한　　　　　　④ 태연자약한
⑤ 고군분투한

5 ㉡을 통해 알 수 있는 사실은 무엇인가요? (   )

① 정약용은 고향에 자주 갔었다.
② 정약용은 고향을 늘 그리워하였다.
③ 정약용은 고향에 돌아오기 싫었다.
④ 정약용의 고향은 경치가 무척 아름답다.
⑤ 정약용은 한 번도 고향을 떠난 적이 없다.

오늘의 어휘

13 군계일학 | 群 무리 군 鷄 닭 계 一 하나 일 鶴 학 학

번쩍

번쩍

닭 무리 속에 학 한 마리가 있어. 그런데 학의 외모가 무척 뛰어나서 *눈에 띄지?

이처럼 많은 사람 중에서 뛰어난 사람을 이르는 말이 있는데 바로 '군계일학'이야.

* 눈에 띄다: 두드러지게 드러나다.

이렇게 써먹자~ 오늘 나온 가수들 중에서 내가 좋아하는 가수가 단연 **군계일학**처럼 돋보였어.

14 작심삼일 | 作 지을 작 心 마음 심 三 석 삼 日 날 일

1일

이제 게임 안 해.

2일

으…

3일

와!

게임을 하지 않겠다고 결심한 아이가 삼 일만에 다시 게임을 했어. 이 아이처럼 결심이 오래 가지 못할 때 '작심삼일'이라는 표현을 써.

'작심삼일'을 한자 그대로 풀이해 보면 단단히 먹은 마음이 사흘(삼 일)을 가지 못한다는 말이야. 결심이 강하고 단단하지 못한 것을 뜻하는 말이지.

이렇게 써먹자~ 아침에 일찍 일어나기로 다짐했는데 **작심삼일**로 끝났어. 며칠 지나니까 못 일어나겠더라고.

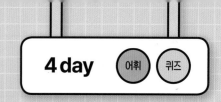

15 대기만성 | 大 큰 대 器 그릇 기 晩 늦을 만 成 이룰 성

큰 그릇을 만들려면 오래 걸리지.

한 사람이 큰 그릇을 만들고 있어. 그릇의 크기가 크니까 그만큼 만드는 시간도 오래 걸리겠지?

큰 그릇을 만드는 데 시간이 오래 걸리는 것처럼 크게 될 사람은 많은 노력을 한 끝에 늦게 성공함을 뜻하는 말이 있는데 바로 '대기만성'이야.

이렇게 써먹자~ 저 사람은 만화를 그린 지 십 년이 넘어서야 사람들에게 큰 인기를 얻었대. **대기만성**이라는 말에 딱 어울려.

16 선견지명 | 先 먼저 선 見 볼 견 之 갈 지 明 밝을 명

저러다가 선생님께 혼나겠네.

복도를 뛰어다니는 아이를 보고 한 친구가 선생님께 혼날 것 같다고 생각했어. 그런데 정말 그렇게 되었네. 이럴 때 쓸 수 있는 표현이 '선견지명'이야.

'선견지명'은 어떤 일이 일어나기 전에 미리 앞을 내다보고 아는 지혜를 뜻하는 말이야.

이렇게 써먹자~ 『개미와 베짱이』에 나오는 개미는 **선견지명**을 가졌어. 추운 겨울이 올 것을 알고 미리 먹이를 준비해 두었잖아.

1 다음 그림을 보고, 사자성어를 완성하세요.

(1)

큰 그릇을 만들려면 오래 걸리지.

| 대 | 기 | | |

(2)

선생님께 혼나겠네.

ㅅ ㄱ ㅈ ㅁ

➡ _____

(3)

1일 이제 게임 안 해.
2일 으…
3일 와~

ㅈ ㅅ ㅅ ㅇ

➡ _____

(4)

번쩍 번쩍

| | | 일 | 학 |

2 빈칸에 들어갈 말을 골라 사자성어의 뜻을 완성하세요.

(1)
> **군계일학:** 많은 사람 중에서 _____ 사람.

뛰어난	평범한	어리석은

(2)
> **작심삼일:** _____ 이 강하고 단단하지 못한 것.

관심	결심	양심

(3)
> **선견지명:** 어떤 일이 일어나기 전에 미리 _____을 내다보고 아는 지혜.

밖	안	앞

3 사자성어를 알맞게 사용한 칸을 색칠하세요.

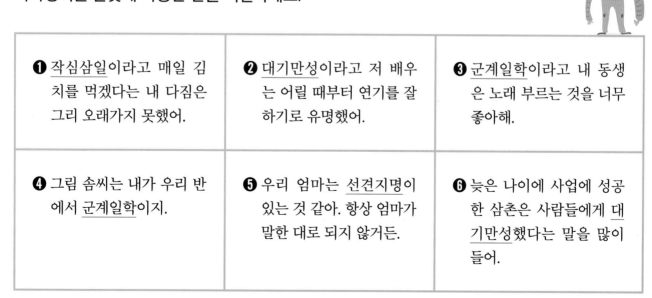

❶ 작심삼일이라고 매일 김치를 먹겠다는 내 다짐은 그리 오래가지 못했어.	❷ 대기만성이라고 저 배우는 어릴 때부터 연기를 잘하기로 유명했어.	❸ 군계일학이라고 내 동생은 노래 부르는 것을 너무 좋아해.
❹ 그림 솜씨는 내가 우리 반에서 군계일학이지.	❺ 우리 엄마는 선견지명이 있는 것 같아. 항상 엄마가 말한 대로 되지 않거든.	❻ 늦은 나이에 사업에 성공한 삼촌은 사람들에게 대기만성했다는 말을 많이 들어.

오늘의 어휘

17 반신반의 | 半 반 반 信 믿을 신 半 반 반 疑 의심할 의

이따가 떡볶이 사 줄게.

진짜 사 주겠지?

이따가 떡볶이를 사 주겠다는 친구의 말을 반은 믿고 반은 의심하고 있어. 이런 태도를 나타내는 말이 '반신반의'야.

얼마쯤 믿으면서도 *한편으로는 의심하는 것을 뜻하는 말이지. 어느 정도 믿기는 하지만 확실히 믿지 못하는 태도를 나타낼 때 써.

* **한편**: 어떤 일의 한 측면.

이렇게 써먹자~ 태권도 학원을 열심히 다니지도 않았는데 짝이 검은 띠를 땄다고 하길래 **반신반의**했어. 사실인 것 같기도 하고 아닌 것 같기도 하더라.

18 청출어람 | 靑 푸를 청 出 날 출 於 어조사 어 藍 *쪽 람

스승인 나보다 실력이 뛰어나다니……

스승과 제자가 바둑을 두다가 스승이 깜짝 놀랐어. 제자의 바둑 실력이 자신보다 뛰어났기 때문이지.

이처럼 제자나 후배가 스승이나 선배보다 나음을 뜻할 때 '청출어람'이라는 말을 써.

* **쪽**: 마디풀과의 한해살이풀.

19 비 **나중 난 뿔이 우뚝하다**: 후배가 선배보다 훌륭하게 되었음을 이르는 말.

이렇게 써먹자~ **청출어람**이라더니 5학년 아이보다 2학년 아이가 수학을 더 잘해.

20 우공이산 | 愚 어리석을 우 公 공평할 공 移 옮길 이 山 메 산

노력하면 언젠가는 산을 옮길 수 있을 거야.

한 사람이 흙을 옮기면서 노력하면 언젠가는 산을 옮길 수 있을 거래. 산을 옮기는 일은 쉽지 않겠지? 하지만 노력하면 언젠가는 이루어질 거야.

이처럼 어떤 일이든 끊임없이 노력하면 반드시 이루어짐을 뜻할 때 '우공이산'이라는 말을 써.

21

비 **마부작침**: 어려운 일도 계속 노력하면 이룰 수 있음.

└ 磨 갈 마 斧 도끼 부 作 지을 작 針 바늘 침

이렇게 써먹자~ 만리장성은 2000년이 넘는 기간 동안 쌓아 올렸대. **우공이산**의 정신으로 만들어 낸 거지.

22 소탐대실 | 小 작을 소 貪 탐할 탐 大 큰 대 失 잃을 실

앞에 떨어져 있는 오백 원짜리 동전 하나를 주우려다가 바지 주머니에 들어 있는 수많은 지폐들이 바람에 날아가고 있어. 작은 동전을 가지려다가 더 많은 돈을 잃어버리고 있군! 이럴 때 쓰는 말이 '소탐대실'이야.

'소탐대실'은 작은 것을 *탐하다가 큰 것을 잃는다는 뜻의 말이야.

*탐하다: 지나치게 욕심을 내다.

이렇게 써먹자~ 빨리 가려고 과속하다가 교통사고가 났다는 뉴스를 봤어. **소탐대실**한 거지.

1 다음 그림을 보고, 사자성어를 완성하세요.

(1)

| 반 | 신 | | |

(2)

| | | 어 | 람 |

(3)

ㅇ ㄱ ㅇ ㅅ

➡ _____

(4)

ㅅ ㅌ ㄷ ㅅ

➡ _____

2 가로 열쇠, 세로 열쇠를 보고 낱말 퍼즐을 완성하세요.

❶			❷		❸			❻
					❹		❺	

[가로 열쇠]

❶ '우공이산'과 뜻이 비슷한 사자성어.

❹ 사람의 손길이 미치지 않고 저절로 생겨난 산, 강, 바다 등을 이르는 말.
   예 ○○을 파괴하지 말자.

❺ 반신반의: 얼마쯤 믿으면서도 한편으로는 ○○하는 것.

[세로 열쇠]

❶ 병 등의 입구나 구멍을 막는 물건.

❷ 사람이 누워서 잘 수 있게 만든 가구.

❸ 청출어람: ○○나 후배가 스승이나 선배보다 나음.

❻ 어떤 것을 향하여 끌리는 감정과 생각.
   예 나는 축구에 ○○이 많다.

3 사자성어의 사용이 알맞으면 오른쪽 칸으로, 알맞지 <u>않으면</u> 아래 칸으로 선을 긋고 어떤 음식이 나오는지 쓰세요.

출발 ➡

❶ 엄마는 도서관에 다녀왔다는 내 말을 <u>반신반의</u>하셨어. 조금 의심스러우신가 봐.	❷ <u>청출어람</u>은 선생님에게 배운 것을 이해하지 못하는 아이에게 어울리는 말이야.	
❸ <u>우공이산</u>이라는 말처럼 항상 정직하게 살아야 해.	❹ <u>소탐대실</u>이라더니 버스 값을 아끼려고 걸어갔다가 영화를 보지 못했어.	

(   )

어휘 먹고, 독해 먹고

1 ㉠에 들어갈 내용으로 가장 알맞은 것은 무엇인가요? (   )

> 중국 위나라에 최염이라는 유명한 장군이 있었어요. 최염에게는 최림이라는 사촌 동생이 있었는데, 최림은 얼굴도 못생긴 데다 벼슬을 얻지도 못했지요. 친척들은 이런 최림을 무시하며 우습게 여겼어요. 하지만 최염은 최림이 나중에 크게 될 사람이라는 것을 믿었어요. 그래서 최림을 만날 때마다 용기를 북돋아 주었어요.
>
> "너는 반드시 크게 될 사람이다. 그러니 열심히 노력하도록 해라."
>
> 최림은 최염의 말에 큰 힘을 얻어 매일매일 열심히 공부했어요. 그리고 훗날에 대기만성하여
>
> ┌─────────────────┐
> │   ㉠   │
> └─────────────────┘
>
> * **북돋우다**: 기운이나 정신 등을 더욱 높여 주다.

① 큰 손해를 입었어요.　　　　　　　② 높은 벼슬을 얻었어요.

③ 여전히 공부만 하며 지냈어요.　　④ 자신의 처지에 만족하지 못했어요.

⑤ 친척들에게 인정받기 위해 노력했어요.

2 ㉠에 들어갈 사자성어로 알맞은 것은 무엇인가요? (   )

> "엄마, 오늘부터 부모님께 높임말을 사용하기로 다짐했어요."
>
> 새해 첫날, 거실로 나온 진우가 말했습니다. 그런 진우에게 형이 한마디 하였습니다.
>
> "얼마나 오래 가나 보자. 설마 [㉠   ]은 아니겠지?"
>
> "아니야. 두고 보라니까!"
>
> 옆에 있던 엄마가 웃으며 대답하셨습니다.
>
> "엄마도 기대할게. 자, 이제 아침 먹자. 아빠 불러 올 사람?"
>
> "응, 내가 할게! 아, 아니, 제가 할게요."
>
> 진우가 큰 목소리로 대답했습니다.

① 개과천선　　　　　② 박학다식　　　　　③ 일취월장

④ 작심삼일　　　　　⑤ 대기만성

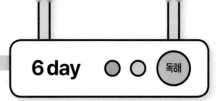

[3~5] 다음 글을 읽고, 물음에 답하세요.

김수근은 우리나라의 유명한 건축가이다. 어느 날, 한 이란 사람이 김수근에게 건축 *설계를 맡겼다.

"이번에 저희 나라에 큰 아파트 단지를 지으려고 하는데 설계를 할 건축가로 당신을 추천받았습니다. 사실 일본인 건축가에게 부탁했는데, 설계를 하는 데에만 석 달이 걸린다고 하더군요. 좀 더 빠른 시간 내에 설계를 할 수 있습니까?"

이 말을 듣자마자 김수근은 우리나라의 건축 수준을 세계에 알리고 싶어졌다. 김수근은 이란 사람에게 한 달 내에 설계를 끝내겠다고 약속했다.

┌ "한 달 안에만 완성해 준다면 고맙겠습니다."
㉠
└ 이란 사람은 이렇게 말하면서도 여전히 김수근을 믿지 못했다.

김수근은 우리나라로 돌아오자마자 건축 사무소의 제자들을 모두 불렀다.

"우리나라의 건축 수준을 세계에 알릴 때가 왔습니다. 힘들어도 한번 해 봅시다."

그날부터 김수근과 그의 제자들은 잠자는 시간 외에는 모두 설계 작업에만 몰두했다. 그리고 약속대로 한 달 만에 이란 사람을 찾아갔다. 김수근의 설계 *도면을 본 이란 사람은 깜짝 놀랐다. 이렇게 아름답고 훌륭한 아파트는 처음 보았기 때문이었다.

* 설계: 어떤 것을 만들려고 계획을 세우거나 그 계획을 그림 등으로 나타내는 것.
* 도면: 건축, 기계 등의 구조나 설계 등을 나타낸 그림.

3 김수근이 이란 사람과 한 약속은 무엇인지 쓰세요.

• (   ) 내에 아파트 설계를 끝내겠다는 것

4 ㉠과 관계있는 사자성어는 무엇인가요? (   )

① 견물생심   ② 반신반의   ③ 오매불망
④ 군계일학   ⑤ 청출어람

5 이 글의 내용을 바르게 정리하지 <u>못한</u> 것에 ×표 하세요.

(1) 김수근은 우리나라의 건축 수준을 세계에 알리기 위해 고군분투했다. (   )

(2) 소탐대실이라는 말처럼 김수근은 눈앞의 이익만 쫓다가 큰 손해를 입었다. (   )

(3) 김수근은 우공이산의 마음가짐으로 끊임없이 노력해서 목표한 것을 이루어 냈다. (   )

오늘의 어휘

---

23 다재다능 | 多 많을 다 才 재주 재 多 많을 다 能 능할 능

저 배우는 노래도 잘하고 연기도 잘하네.

한 뮤지컬 배우가 무대 위에서 노래를 하고 있어. 이 뮤지컬 배우는 노래도 잘하고 연기도 잘하는 정말 다재다능한 사람인가 봐.

'다재다능'은 재주와 능력이 여러 가지로 많음을 뜻하는 말이야.

> **24**
> **비 팔방미인**: 여러 분야에 뛰어난 사람.
> └ 八 여덟 팔 方 모 방 美 아름다울 미 人 사람 인

....

이렇게 써먹자~ 공부도 잘하고 악기도 잘 다루는 누나는 어려서부터 **다재다능**하다는 말을 자주 들었어.

---

25 수수방관 | 袖 소매 수 手 손 수 傍 곁 방 觀 볼 관

퍽!

한 아이가 친구들끼리 싸우는 모습을 팔짱만 끼고 보고만 있네. 이런 태도를 나타내는 말이 '수수방관'이야.

어떤 일에 *간섭하거나 거들지 않고 그대로 내버려 두는 것을 뜻하는 말이지.

*간섭하다: 직접 관계가 없는 남의 일에 참견하다.

> **26**
> **비 강 건너 불구경**: 자기와 관계없는 일이라고 해서 무관심하게 보기만 하는 모양.

....

이렇게 써먹자~ 길거리에 아무렇게나 놓여 있는 전동 킥보드 때문에 다니기 불편하지만 아무도 나서지 않고 **수수방관**하고 있어.

27 요지부동 | 搖 흔들릴 요 之 갈 지 不 아닌가 부 動 움직일 동

어쩌면 이렇게 꿈쩍도 안 할까?

엄마가 아무리 흔들어 깨워도 아이는 꿈쩍도 않고 계속 자고 있어. 이런 태도를 나타내는 말이 '요지부동'이야.

흔들어도 조금도 움직이지 않는 것을 뜻하는 말이지. 이 말은 생각이나 믿음이 변하지 않고 확실함을 뜻하기도 해.

> **비** **28** **확고부동**: 튼튼하고 굳어 흔들림이 없음.
> └ 確 굳을 확 固 굳을 고 不 아닌가 부 動 움직일 동

이렇게 써먹자~ 우리 할아버지는 고집이 세서 한번 결정한 것은 **요지부동**이야.

29 의기양양 | 意 뜻 의 氣 기운 기 揚 오를 양 揚 오를 양

그토록 원하던 회장이 됐어요.

회장
임명장

아이가 그토록 원하던 회장이 됐네. 원하던 일이 이루어졌으니 얼마나 만족스럽겠어?

이처럼 원하던 일을 이루어 만족한 마음이 얼굴에 나타난 모양을 뜻하는 말이 '의기양양'이야.

> **비** **30** **득의양양**: 뜻한 바를 이루어 우쭐거리며 뽐냄.
> └ 得 얻을 득 意 뜻 의 揚 오를 양 揚 오를 양

이렇게 써먹자~ 낚시터에서 큰 물고기를 잡아 온 아빠가 **의기양양**한 얼굴로 집에 들어오셨어.

1 다음 그림을 보고, 사자성어를 완성하세요.

(1)
어쩌면 이렇게 꿈쩍도 안 할까?

ㅇㅈㅂㄷ

➡ _____

(2)
퍽!

ㅅㅅㅂㄱ

➡ _____

(3)
저 배우는 노래도 잘하고 연기도 잘하네. 

| 다 | 재 | | |

(4) 
회장
그토록 원하던 회장이 됐어요.
임명장

| 의 | 기 | | |

2 다음과 같은 뜻을 가진 사자성어가 되도록 알맞은 말에 ○표 하세요.

(1) 재주와 능력이 여러 가지로 많음. ➡

다재	방관
수수	다능

(2) 생각이나 믿음이 변하지 않고 확실한 것. ➡

팔방	부동
요지	미인

(3) 원하던 일을 이루어 만족한 마음이 얼굴에 나타난 모양. ➡

요지	양양
의기	부동

3 다음 말과 뜻이 비슷한 사자성어를 찾아 ○표 하세요.

(1) 강 건너 불구경

우	공	이	산
수	수	방	관
악	전	고	투
득	의	양	양

(2) 확고부동

요	지	부	동
다	재	다	능
득	의	양	양
팔	방	미	인

오늘의 어휘

31 노심초사 | 勞 수고로울 노　心 마음 심　焦 그을릴 초　思 생각 사

내 귀가 길쭉해진 것을 누가 알면 어떻게 하지?

임금님이 자신의 귀가 길쭉해진 사실이 알려질까 봐 *애를 태우고 있네. 임금님처럼 어떤 일에 대한 걱정으로 몹시 불안해하는 태도를 나타내는 말이 '노심초사'야.

몹시 마음을 쓰며 애를 태움을 뜻하는 말이지.

*애: 초조한 마음속.

이렇게 써먹자~ 아빠에게 거짓말한 것을 들킬까 봐 **노심초사**했어.

32 조삼모사 | 朝 아침 조　三 석 삼　暮 저물 모　四 넉 사

아침에 세 개, 저녁에 네 개 줄게.

아침에 네 개, 저녁에 세 개 줄게.

원숭이에게 바나나를 아침에 세 개, 저녁에 네 개 주겠다고 하니까 원숭이가 화를 냈어. 그래서 꾀를 내어 아침에 네 개, 저녁에 세 개를 주겠다고 하니까 원숭이가 좋아하네. 어차피 하루에 먹는 양은 똑같은데 말이야. 원숭이도 참 어리석지?

이처럼 꾀를 써서 다른 사람을 속여 놀리는 것을 이르는 말이 '조삼모사'야.

이렇게 써먹자~ 저 사람의 **조삼모사** 같은 속임수에 모두가 넘어가고 말았어.

33 막상막하 | 莫 없을 막　上 위 상　莫 없을 막　下 아래 하

두 사람의 힘이 거의 차이가 없네.

두 사람이 팔씨름을 하고 있어. 그런데 힘이 거의 비슷해서 엎치락뒤치락하고 있어. 이럴 때 '막상막하'라는 표현을 쓸 수 있어.

'막상막하'는 더 낫고 더 못함의 차이가 거의 없음을 뜻하는 말이야.

34 비 난형난제: 두 사물이 비슷하여 낫고 못함을 정하기 어려움.

└ 難 어려울 난　兄 형 형　難 어려울 난　弟 아우 제

이렇게 써먹자~ 일 등과 이 등의 실력이 **막상막하**라서 가리기가 어렵네.

35 마이동풍 | 馬 말 마　耳 귀 이　東 동녘 동　風 바람 풍

다 쓰면 안 돼.

용돈을 한꺼번에 다 쓰면 안 된다고 충고한 말이 한 귀로 들어갔다가 한 귀로 나오고 있지? 충고하는 말을 제대로 듣지 않고 있는 거지.

이처럼 남의 말을 귀담아듣지 않고 지나쳐 흘려 버리는 것을 뜻하는 말이 '마이동풍'이야.

36 비 한 귀로 듣고 한 귀로 흘린다: 다른 사람의 말을 대충 듣는다는 말.

이렇게 써먹자~ 동생이 내 말을 **마이동풍**으로 흘려듣는 것 같았어. 들은 체 만 체 하며 딴짓만 하더라고.

1 다음 그림을 보고, 사자성어를 완성하세요.

(1)

실력의 차이가 거의 없네.

| 막 | 상 | | |

(2)

다 사면 안 돼.

ㅁ ㅇ ㄷ ㅍ

→ _____

(3)

아침에 세 개, 저녁에 네 개 줄게.

아침에 네 개, 저녁에 세 개 줄게.

ㅈ ㅅ ㅁ ㅅ

→ _____

(4)

내 귀가 길쭉해진 것을 누가 알면 어떻게 하지?

| | | 초 | 사 |

2 다음 사자성어와 뜻이 비슷한 말을 고르고, 해당하는 낱자를 조합해서 글자를 만들어 쓰세요.

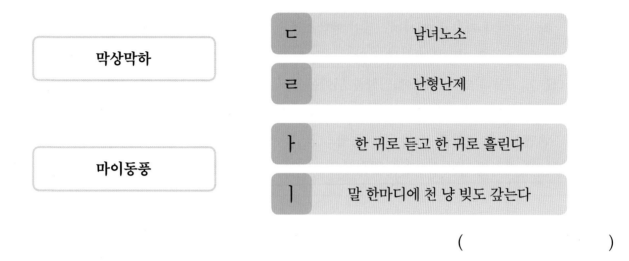

ㄷ	남녀노소
ㄹ	난형난제
ㅏ	한 귀로 듣고 한 귀로 흘린다
ㅣ	말 한마디에 천 냥 빚도 갚는다

막상막하

마이동풍

(   )

3 다음 글자 카드를 이용하여 문제의 답을 완성하세요.(단, 하나의 글자 카드를 두 번 사용할 수 있어요.)

노	모	사	삼	심	조	초

(1) 몹시 마음을 쓰며 애를 태움을 뜻하는 사자성어는?

(2) 꾀를 써서 다른 사람을 속여 놀리는 것을 뜻하는 사자성어는?

1 다음 글을 읽고, 멘델스존에 대해 바르게 말한 친구의 이름을 쓰세요.

> 작곡가이자 지휘자, 피아니스트인 멘델스존은 1809년에 독일의 함부르크라는 도시에서 태어났다. 멘델스존은 어렸을 때부터 음악에 재능을 보여 아홉 살 때부터 연주회를 열었고, 열한 살 때부터는 작곡을 하였다. 대학에 입학한 뒤에는 음악뿐만 아니라 글쓰기와 그림에도 소질을 보였으며 이탈리아어, 그리스어, 영어 등 여러 언어를 능숙하게 썼다.
>
> 멘델스존은 열일곱 살 때 「한여름밤의 꿈」을 작곡했고, 그로부터 17년 후에 12곡을 덧붙여 발표했는데, 그중의 하나가 우리가 결혼식장에서 자주 듣는 「결혼 행진곡」이다.

> **수영:** 멘델스존은 개과천선한 사람이야.
> **경호:** 멘델스존은 다재다능한 사람이야.
> **진우:** 멘델스존은 모든 일에 반신반의했어.

(   )

2 ㉠과 같은 장끼의 행동에 대해 바르게 말한 것에 ○표 하세요.

> "이 콩 참 먹음직스럽게 생겼구나."
> 들판에서 콩 한 알을 발견한 *장끼가 콩알을 집어 먹으려 했어요. 그러자 *까투리가 장끼를 말렸어요. 콩알을 자세히 보니 사람이 입으로 후후 불고 빗자루로 깨끗이 씻은 것 같았기 때문이에요.
> "여보, 이 콩 먹지 마세요. 아무래도 이상해요."
> "당신도 참 답답하오. 추운 겨울에 누가 이 깊은 산속까지 온단 말이오."
> "아무래도 어제 꾼 꿈이 이상하단 말이에요. 제발 먹지 마세요."
> 까투리는 장끼를 계속 말렸어요. 하지만 ㉠장끼는 까투리의 말을 귀담아듣지 않았어요.
> *__장끼__: 수컷인 꿩.
> *__까투리__: 암컷인 꿩.

(1) 장끼는 까투리의 충고를 오매불망하였구나. (   )

(2) 장끼는 까투리의 충고를 마이동풍으로 들었구나. (   )

(3) 장끼는 까투리의 충고를 듣고 결자해지하려고 노력했어. (   )

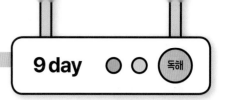

[3~5] 다음 글을 읽고, 물음에 답하세요.

아프리카의 말리라는 나라에 가뭄이 계속되면서 강과 호수가 모두 말랐습니다. 물고기를 잡거나 가축을 기르며 살던 말리 사람들은 계속된 가뭄으로 살기가 힘들어지자 이웃 나라로 건너가 살기 시작했습니다. 하지만 이웃 나라의 사정도 좋지 않았습니다. 이들은 새로 살게 된 곳의 강과 호수마저 말라버릴까 봐 ⬚___㉠___ 하고 있습니다.

이처럼 전 세계가 *기후 변화로 인해 어려움을 겪고 있습니다. 지구의 온도가 올라가면서 가뭄이나 홍수와 같은 자연재해가 자주 일어나고, 야생 동물의 수와 사는 곳이 변하는 등 여러 가지 문제점이 생기고 있습니다. 그리고 그 피해는 인간의 삶까지 이어지고 있습니다. 따라서 기후 변화를 막는 일에 힘써야 합니다. 대중교통 이용하기, 안 쓰는 전자 제품 플러그 뽑기, 장바구니 사용하기 등 기후 변화를 막기 위해 생활 속에서 실천할 수 있는 일들은 많습니다. 기후 변화에 관심을 갖고 이를 막기 위해 노력합시다.

＊**기후**: 일정한 지역에서 여러 해에 걸쳐 나타난 평균적인 날씨.

3 이 글에 담긴 글쓴이의 주장은 무엇인지 쓰세요.

• (   )을/를 막는 일에 힘쓰자.

4 ㉠에 들어갈 사자성어로 알맞은 것은 무엇인가요? (   )

① 조삼모사   ② 요지부동   ③ 노심초사

④ 막상막하   ⑤ 수수방관

5 다음은 이 글을 읽고 말한 것입니다. 빈칸에 들어갈 말로 알맞은 것에 ○표 하세요.

> "기후 변화 문제를 수수방관하면 ⬚_____ "

(1) 금방 해결할 수 있겠구나! (   )

(2) 인류에게 더 큰 위험이 찾아올 수도 있어. (   )

(3) 다른 사람들도 관심을 가질 수 있을 거야. (   )

사자성어 총정리

1 사자성어의 뜻에 알맞은 낱말을 골라 ○표 하세요.

❶ 노심초사   몹시 마음을 쓰며 애를 (씀 , 태움).

❷ 군계일학   많은 사람 중에서 (뒤처진 , 뛰어난) 사람.

❸ 다재다능   재주와 (능력 , 체력)이 여러 가지로 많음.

❹ 막상막하   더 낫고 더 못함의 차이가 (많음 , 거의 없음).

❺ 결자해지   자기가 저지른 일은 자기가 (후회함 , 해결함).

❻ 청출어람   제자나 후배가 스승이나 선배보다 (나음 , 못함).

❼ 일취월장   나날이 다달이 자라거나 (도전하는 , 발전하는) 것.

❽ 반신반의   얼마쯤 믿으면서도 한편으로는 (결심하는 , 의심하는) 것.

❾ 대기만성   크게 될 사람은 많은 노력을 한 끝에 (늦게 , 빨리) 성공함.

❿ 견물생심   어떠한 것을 보게 되면 그것을 가지고 싶은 (욕심 , 의심)이 생김.

⓫ 의기양양   원하던 일을 이루어 (만족한 , 부러운) 마음이 얼굴에 나타난 모양.

⓬ 고군분투   다른 사람의 도움을 (받고 , 받지 않고) 혼자 또는 적은 수의 사람으로 힘든 일을 하는 것.

2 다음 뜻을 가진 사자성어를 완성하세요.

❶ 자나 깨나 잊지 못함.

➡ | 오 | | | |

❷ 생각이나 믿음이 변하지 않고 확실함.

➡ | 요 | | | |

❸ 배워서 얻은 지식이 넓고 아는 것이 많은 것.

➡ | | | | 식 |

❹ 어떤 일이든 끊임없이 노력하면 반드시 이루어짐.

➡ | | | 이 | |

❺ 지난날의 잘못이나 허물을 고쳐 올바르고 착하게 되는 것.

➡ | | 과 | | |

❻ 마음에 어떠한 자극을 받아도 흔들림이 없이 아무렇지 않음.

➡ | | | | 약 |

❼ 작은 것을 탐하다가 큰 것을 잃음.

➡ | | | | |

❽ 결심이 강하고 단단하지 못한 것.

➡ | | | | |

❾ 꾀를 써서 다른 사람을 속여 놀리는 것.

➡ | | | | |

❿ 남의 말을 귀담아듣지 않고 지나쳐 흘려버리는 것.

➡ | | | | |

⓫ 어떤 일이 일어나기 전에 미리 앞을 내다보고 아는 지혜.

➡ | | | | |

⓬ 어떤 일에 간섭하거나 거들지 않고 그대로 내버려 두는 것.

➡ | | | | |

관계

우리는 가족, 친구, 이웃 등 많은 사람들과 관계를 맺으며 살아가고 있어.

다른 사람과의 관계도 단 네 글자로 나타낼 수 있거든?

이번 장에서는 관계와 관련된 사자성어에 대해 알아볼까?

● 학습 계획표 ●

공부한 날		학습 내용	확인
11 day	/	오늘의 어휘 37 ~ 44	
12 day	/	오늘의 어휘 45 ~ 51	
13 day	/	어휘 먹고, 독해 먹고	
14 day	/	오늘의 어휘 52 ~ 57	
15 day	/	오늘의 어휘 58 ~ 62	
16 day	/	어휘 먹고, 독해 먹고	
17 day	/	오늘의 어휘 63 ~ 69	
18 day	/	오늘의 어휘 70 ~ 76	
19 day	/	어휘 먹고, 독해 먹고	
20 day	/	척 하면 착! 사자성어 총정리	

오늘의 어휘

37 관포지교 | 管 피리 관　鮑 절인 물고기 포　之 갈 지　交 사귈 교

우리는 친구!

옛날 중국에 관중과 포숙이라는 사람이 있었는데 무척 친한 친구 사이였대. 관중과 포숙의 사귐에서 나온 말이 '관포지교'야.

'관포지교'는 그림에 나온 친구들처럼 정이 두터운 친구 사이를 뜻해.

38

비 수어지교: 아주 친하여 떨어질 수 없는 사이.

└ 水 물 수　魚 물고기 어　之 갈 지　交 사귈 교

이렇게 써먹자~ 엄마와 **관포지교**인 친구분이 맛있는 사과를 보내 주셨어.

39 견원지간 | 犬 개 견　猿 원숭이 원　之 갈 지　間 사이 간

퍽!

깽!

개와 원숭이가 싸우고 있어. 사이가 무척 나쁜가 봐. 이런 사이를 나타내는 말이 '견원지간'이야.

'견원지간'을 한자 그대로 풀이하면 개와 원숭이의 사이라는 말이야. 사이가 매우 나쁜 관계를 뜻하는 말이지.

40

비 고양이 개 보듯: 사이가 매우 나빠서 서로 으르렁거리며 해칠 기회만 찾는 모양.

이렇게 써먹자~ 친구와 크게 싸운 뒤로 **견원지간**이 되어서 한 달 동안 서로 말도 안 한 적이 있어.

41 감탄고토

甘 달 감　吞 삼킬 탄　苦 괴로울 고　吐 토할 토

어떤 사람이 단 음식은 삼키고 쓴 음식은 뱉고 있어. 이런 뜻을 가진 말이 '감탄고토'야.

옳고 그름에 관계없이 자기 마음에 맞으면 좋아하고 그렇지 않으면 싫어함을 뜻하는 말이지.

'감탄고토'는 사람 사이의 관계와도 관계있는 말이야. 필요하면 친하게 지냈다가 필요 없어지면 관계를 끊는 사람을 비판할 때 쓰기도 하거든.

42
비 달면 삼키고 쓰면 뱉는다.

이렇게 써먹자~ **감탄고토**라더니, 모둠 숙제할 때에는 친한 척하다가 숙제를 다 하니까 아는 척도 안 하더라.

43 상부상조

相 서로 상　扶 도울 부　相 서로 상　助 도울 조

뻑 뻑

네가 내 등 다 긁어 주면 나도 네 등 긁어 줄게.

친구끼리 서로 번갈아 가며 등을 긁어 주고 있군. 이렇게 서로 의지하고 돕는 모습을 나타내는 말이 '상부상조'야.

이 말은 서로서로 도움을 뜻하는 말로, '상부'와 '상조'가 합쳐진 말이지.

44
비 **환난상휼**: 어려운 일이 생겼을 때 서로 도와야 함.

患 근심 환　難 어려울 난　相 서로 상　恤 구휼할 휼

이렇게 써먹자~ 우리 조상들은 이웃끼리 서로 도와가면서 농사를 지었어. **상부상조**하며 지냈던 거지.

퀴즈! 퀴즈!

1 다음 그림을 보고, 사자성어를 완성하세요.

(1)

ㄱ ㅇ ㅈ ㄱ

➡ _____

(2)

| 관 | 포 | | |

(3)

ㄱ ㅌ ㄱ ㅌ

➡ _____

(4)

| | | 상 | 조 |

2 다음 사자성어와 뜻이 비슷한 말을 고르고, 해당하는 숫자를 빈칸에 차례대로 쓰세요.

	관포지교			견원지간
1	수어지교		3	고양이 개 보듯
2	환난상휼		4	달면 삼키고 쓰면 뱉는다

3 사자성어의 사용이 알맞으면 오른쪽 칸으로, 알맞지 <u>않으면</u> 아래 칸으로 선을 긋고 어떤 동물이 나오는지 쓰세요.

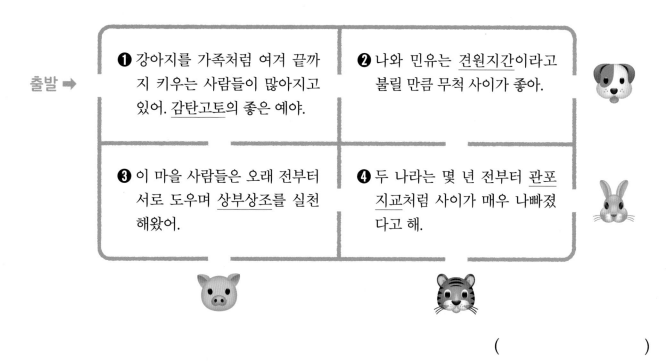

출발 ➡

❶ 강아지를 가족처럼 여겨 끝까지 키우는 사람들이 많아지고 있어. <u>감탄고토</u>의 좋은 예야.

❷ 나와 민유는 <u>견원지간</u>이라고 불릴 만큼 무척 사이가 좋아.

❸ 이 마을 사람들은 오래 전부터 서로 도우며 <u>상부상조</u>를 실천해왔어.

❹ 두 나라는 몇 년 전부터 <u>관포지교</u>처럼 사이가 매우 나빠졌다고 해.

( )

오늘의 어휘

45 근묵자흑

近 가까울 근　墨 먹 묵　者 놈 자　黑 검을 흑

아이의 옷과 얼굴에 검은 먹물이 여기저기 묻어 있어. 가까운 곳에 먹이 있어서 그랬나 봐. 이런 상황과 관련된 말이 '근묵자흑'이야.

'근묵자흑'을 한자 그대로 풀이하면 먹을 가까이 하는 사람은 검어진다는 말이야. 나쁜 사람과 가까이 지내면 나쁜 버릇에 물들기 쉬움을 뜻하지.

46

비 | 먹을 가까이하면 검어진다

이렇게 써먹자~　**근묵자흑**이라는 말처럼 욕을 자주 하는 사람과 가까이 지내면 너도 그렇게 될 수 있어.

47 반포지효

反 돌이킬 반　哺 먹을 포　之 갈 지　孝 효도 효

어머니, 시원하세요?

아저씨가 어머니의 어깨를 정성껏 주물러 드리고 있어. *효성이 *지극하네. 이것과 관계있는 말이 있어. 바로 '반포지효'야.

'반포지효'는 자식이 자라 부모를 지극하게 모시는 효성을 뜻해.

＊**효성**: 부모를 잘 모시어 받드는 정성.
＊**지극하다**: 어떤 것에 대하여 쏟는 관심이나 사랑 등이 더할 수 없이 정성스럽다.

이렇게 써먹자~　할아버지가 늙은 어머니를 정성껏 모시는 모습을 보면서 **반포지효**라는 말이 생각났어.

[3~5] 다음 글을 읽고, 물음에 답하세요.

「울지마 톤즈」라는 영화를 보았다. 이 영화는 '수단의 슈바이처'라고 불리는 이태석 신부의 삶을 담았다.
이태석 신부가 암으로 세상을 떠나기 일주일 전 모습으로 시작하는 이 영화는 이태석 신부의 어린 시
절부터 신부가 되어 활동하기까지 실제 삶의 모습이 생생하게 담겨 있다. 사랑을 실천하는 삶을 살기 위
해 신부가 된 이태석 신부는 아프리카 수단에 있는 톤즈라는 작은 마을에 간다. 그리고 그곳에서 직접
벽돌을 만들어 학교와 병원을 세우는 등 여러 가지 봉사 활동을 하며 수단 사람들을 위해 평생을 헌신
한다. 영화에 이태석 신부가 톤즈에서 생활하는 실제 모습이 나오는데, 이 영상은 톤즈에서 봉사 활동을
하며 함께 지낸 동료 신부가 찍은 것이라고 한다. 이 영화를 보면서 이태석 신부가 수단 아이들에게 악
기를 가르쳐 주는 장면이 가장 기억에 남았다. 전쟁과 가난으로 꿈을 잃은 아이들에게 총 대신 악기를
들게 하여 새로운 희망을 갖게 한 모습이 무척 인상적이었다.
이 영화를 보고 [㉠   ]. 수단 사람들에게 꿈과 희망을 준 이태석 신부처럼 나
도 누군가에게 도움을 주는 사람이 되고 싶다고 생각했다.

3 글쓴이가 본 영화의 제목을 쓰세요.

(   )

4 글쓴이가 본 영화에 대한 설명으로 알맞은 것의 기호를 쓰세요.

㉮ 표리부동한 이태석 신부의 모습이 잘 담겨 있다.
㉯ 평생을 독불장군으로 살았던 이태석 신부에 대한 이야기이다.
㉰ 이태석 신부와 톤즈에서 동고동락한 동료 신부님이 촬영한 영상이 나온다.

(   )

5 ㉠에 들어갈 내용으로 알맞은 것을 찾아 ○표 하세요.

(1) 이태석 신부의 살신성인 정신에 큰 감동을 받았다 (   )
(2) 이태석 신부의 행동을 타산지석 삼아 사랑을 실천하며 살아야겠다고 생각했다 (   )

오늘의 어휘

63 죽마고우 | 竹 대죽　馬 말마　故 옛고　友 벗우

　　두 개의 긴 대나무 막대기에 붙은 발판 위에 발을 올려놓고 그 막대기를 붙들고 걸어 다닐 수 있게 만든 것을 '죽마'라고 해. 여기에서 비롯된 말이 '죽마고우'야.

　　죽마를 타고 놀던 *벗이라는 뜻으로, 어릴 때부터 같이 놀며 자란 친구를 이르는 말이지.

*벗: 비슷한 나이에 서로 친하게 지내는 사람.

64
비 **소꿉동무**: 어릴 때 소꿉놀이를 하며 같이 놀던 동무.

이렇게 써먹자~ 　윤우와 건호는 어릴 때부터 함께 놀며 친하게 지낸 **죽마고우**야.

---

65 유유상종 | 類 무리유　類 무리유　相 서로상　從 좇을종

꼼꼼한 애들끼리 모였구나.

　　꼼꼼한 성격을 가진 아이들끼리 모였군. 이럴 때 쓰는 말이 '유유상종'이야.

　　'유유상종'은 비슷한 특성을 가진 사람들끼리 서로 어울려 사귀는 것을 뜻해.

66
비 **초록은 동색**: 처지가 같은 사람들끼리 함께함.

이렇게 써먹자~ 　**유유상종**이라더니 춤추는 것을 좋아하는 애들끼리만 모였구나.

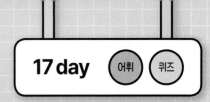

67 적반하장 | 賊 도둑 적 反 돌이킬 반 荷 멜 하 杖 지팡이 장

도둑이 오히려 주인을 꾸짖고 있네. 이럴 때 쓰는 말이 '적반하장'이야.

'적반하장'을 한자 그대로 풀이하면 도둑이 도리어 매를 든다는 말이야. 잘못한 사람이 아무 잘못도 없는 사람을 *나무람을 뜻하는 말이지.

* 나무라다: 잘못을 꾸짖어 잘 알아듣게 말하다.

68
비 **방귀 뀐 놈이 성낸다**: 잘못을 저지른 쪽에서 오히려 남에게 화를 냄.

이렇게 써먹자~ 실수를 저지른 아이가 **적반하장**으로 화를 내더라.

69 동상이몽 | 同 같을 동 牀 평상 상 異 다를 이 夢 꿈 몽

형제가 피자 다섯 조각을 어떻게 나누어 먹을지 생각하고 있어. 그런데 형제의 생각이 서로 달라. 이런 상황에 어울리는 말이 '동상이몽'이야.

'동상이몽'을 한자 그대로 풀이하면 같은 자리에 자면서 다른 꿈을 꾼다는 말이야. 겉으로는 같이 행동하면서도 속으로는 각각 다른 생각을 하고 있음을 뜻하는 말이지.

이렇게 써먹자~ 여행 장소로 가족 모두 다른 곳을 생각하고 있더라고. **동상이몽**이 따로 없었지.

1 다음 그림을 보고, 사자성어를 완성하세요.

(1)

조용히 좀 하세요!

도둑 잡아라!

주인

도둑

ㅈ ㅂ ㅎ ㅈ

➡ _____

(2)

| 죽 | 마 | | |

(3)

성격이 비슷한 애들끼리 모였구나.

| 유 | 유 | | |

(4)

내가 형이니까 세 조각을 먹어야지.

형이 양보하겠지? 내가 세 조각 먹어야지.

ㄷ ㅅ ㅇ ㅁ

➡ _____

2 다음 글자 카드를 이용하여 문제의 답을 완성하세요.

| 고 | 동 | 마 | 몽 | 상 | 우 | 이 | 죽 |

(1) 어릴 때부터 같이 놀며 자란 친구를 뜻하는 사자성어는?

(2) 겉으로는 같이 행동하면서도 속으로는 각각 다른 생각을 하고 있음을 뜻하는 사자성어는?

3 다음 속담과 뜻이 비슷한 사자성어를 찾아 ○표 하세요.

(1) 초록은 동색

유	유	상	종
주	객	전	도
견	원	지	간
동	상	이	몽

(2) 방귀 뀐 놈이 성낸다

독	불	장	군
죽	마	고	우
적	반	하	장
동	고	동	락

오늘의 어휘

70 안하무인 | 眼 눈 안　下 아래 하　無 없을 무　人 사람 인

안녕

쟤 뭐야?

친구가 인사를 하는데 잘난 척하며 무시하듯이 대하고 있어. 이런 태도를 나타내는 말이 '안하무인'이야.

'안하무인'을 한자 그대로 풀이하면 눈 아래에 사람이 없다는 말이야. 세상에서 자기가 가장 잘난 듯이 남을 깔보고 업신여김을 뜻하는 말이지.

71 비 오만불손: 태도나 행동이 거만하고 공손하지 못함.

傲 거만할 오　慢 게으를 만　不 아닐 불　遜 겸손할 손

이렇게 써먹자~ 쟤는 언제나 다른 사람을 무시하면서 **안하무인**으로 대하더라.

72 어부지리 | 漁 고기 잡을 어　夫 남편 부　之 갈 지　利 이로울 리

이거 놔.

너나 놓으시지!

둘 다 잡자.

황새와 조개가 서로 놓으라며 싸우고 있어. 그런데 그 틈을 타서 어부가 황새와 조개 모두를 잡으려고 하네. 싸우는 건 황새와 조개인데 어부만 이익을 얻겠어. 이럴 때 쓰는 말이 '어부지리'야.

두 사람이 서로 다투는 사이에 다른 사람이 힘들이지 않고 이익을 대신 얻음을 뜻하는 말이지.

73 비 견토지쟁: 두 사람의 싸움에 제삼자가 이익을 봄.

犬 개 견　兔 토끼 토　之 갈 지　爭 다툴 쟁

이렇게 써먹자~ 쇼트트랙 경기에서 1등과 2등이 부딪혀 넘어지는 바람에 3등이었던 선수가 **어부지리**로 금메달을 땄어.

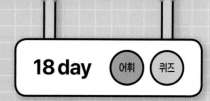

74 동병상련 | 同 같을 동　病 병들 병　相 서로 상　憐 불쌍히 여길 련

팔을 다쳐서 어떡해.

넌 다리를 다쳤구나! 안됐네.

　팔을 다친 친구와 다리를 다친 친구가 서로를 불쌍하게 생각하고 있어. 이럴 때 '동병상련'이라는 말을 쓸 수 있어.

　'동병상련'은 어려운 처지에 있는 사람끼리 서로 *가엾게 여김을 뜻하는 말이야. 처지가 같은 사람끼리 서로의 고통을 헤아리고 *동정하는 것을 이르는 말이지.

＊**가엾다**: 마음이 아플 정도로 불쌍하고 딱하다.
＊**동정하다**: 남의 어려운 처지를 자기 일처럼 느끼며 가엾게 여기다.

이렇게 써먹자~　오늘 승우에게 **동병상련**을 느꼈어. 나도 시험을 못 봤는데 승우도 시험을 못 봤더라고.

75 배은망덕 | 背 등 배　恩 은혜 은　忘 잊을 망　德 덕 덕

키워 준 주인을 물다니!

　저런, 개가 주인을 물었어. 그동안 키워 준 은혜도 모르고 말이야. 참 배은망덕하네.

　'배은망덕'은 남에게 입은 은혜를 저버리고 배신함을 뜻하는 말이야. 베풀어 준 은혜에 보답하지 않고 도리어 은혜를 원수로 갚을 때 쓰는 말이지.

76
비 **개도 주인을 알아본다**: 짐승인 개도 자기를 돌봐 주는 주인을 안다는 뜻으로, 배은망덕한 사람을 꾸짖어 이르는 말.

이렇게 써먹자~　그동안 도와준 사람을 계속 속였다니 정말 **배은망덕**하지 않니?

1 다음 그림을 보고, 사자성어를 완성하세요.

(1)

팔을 다쳐서 어떡해.

넌 다리를 다쳤구나! 안됐네.

		상	련

(2)

키워 준 주인을 물다니!

ㅂㅇㅁㄷ

➡ _____

(3)

이거 놔.

너나 놓으시지!

둘 다 잡자.

ㅇㅂㅈㄹ

➡ _____

(4)

안녕

쟤 뭐야?

안	하		

2 다음 사자성어와 뜻이 비슷한 말을 고르고, 해당하는 낱자를 조합해서 글자를 만들어 쓰세요.

어부지리	ㄱ 견토지쟁
	ㄴ 오만불손
배은망덕	ㄴ 개도 주인을 알아본다
	ㅜ 서당 개 삼 년에 풍월 읊는다

(   )

3 다음 사다리를 따라가 사자성어에 어울리는 상황이면 ○표, 어울리는 상황이 <u>아니면</u> ✕표 하세요.

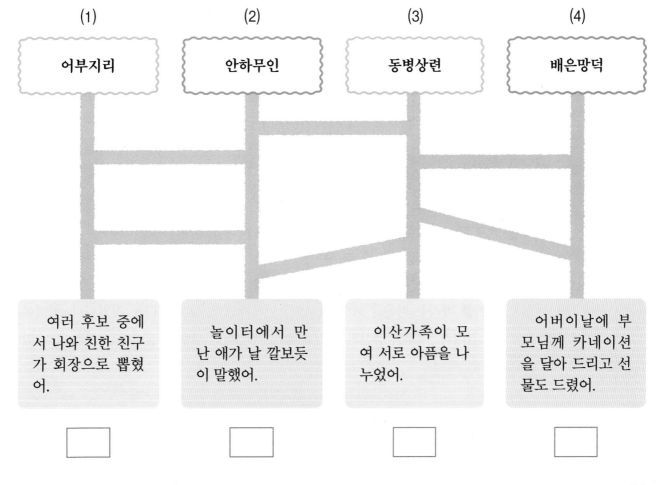

(1)	(2)	(3)	(4)
어부지리	안하무인	동병상련	배은망덕

여러 후보 중에서 나와 친한 친구가 회장으로 뽑혔어.

놀이터에서 만난 애가 날 깔보듯이 말했어.

이산가족이 모여 서로 아픔을 나누었어.

어버이날에 부모님께 카네이션을 달아 드리고 선물도 드렸어.

어휘 먹고, 독해 먹고

1 다음 글에서 어부지리로 이득을 본 사람은 누구인지 쓰세요.

> 정인이, 희원이, 주혁이가 집에 가는 길이었습니다. 그런데 어디선가 노랫소리가 들려왔습니다. 정인이가 흥얼거리며 그 노래를 따라 부르다가 이렇게 말했습니다.
>
> "난 이 노래를 부른 다섯 명 중에서 랩을 하는 사람이 제일 좋더라."
>
> "아니야, 이 노래를 부른 가수는 모두 여섯 명이야."
>
> 정인이와 희원이는 서로 자기가 맞다며 *옥신각신했습니다.
>
> "그럼 틀린 사람이 핫도그 사는 거야. 어때?"
>
> 정인이의 제안에 희원이도 동의하였습니다. 세 사람은 그 자리에서 스마트폰으로 검색을 해 보았습니다. 결과는 정인이의 승리였습니다.
>
> 세 사람은 곧장 핫도그 가게로 갔습니다. 주혁이는 희원이가 사 준 핫도그를 먹으며 기분이 좋았지만 조금은 미안한 마음도 들었습니다.
>
> *옥신각신하다: 서로 옳고 그름을 따지거나 자기주장을 내세우면서 말로 다투다.

(   )

2 다음 글에 나온 정선과 이병연의 관계를 나타내는 사자성어는 무엇인가요? (   )

▲ 인왕제색도
(출처: 국립중앙박물관 www.museum.go.kr)

왼쪽 그림은 조선의 유명한 화가 정선이 1751년에 그린 「인왕제색도」입니다. 그림 오른쪽 아래쪽에 집 한 채가 보이나요? 이 집이 누구의 집인지에 대해서는 다양한 의견이 있습니다. 그 중에서 정선과 어릴 적부터 친했던 친구인 이병연의 집이라는 주장이 있습니다. 정선과 한 마을에서 태어나 함께 자라며 우정을 나누던 이병연이 병으로 누워 있게 되자 친구가 빨리 낫기를 바라는 마음을 담아 정선이 「인왕제색도」를 그렸다는 것입니다. 이밖에도 정선의 외할아버지 집이라는 의견, 정선의 그림을 주로 주문했던 사람의 집이라는 의견 등이 있습니다.

① 견원지간   ② 죽마고우   ③ 주객전도

④ 동상이몽   ⑤ 근묵자흑

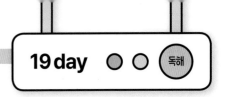

[3~5] 다음 글을 읽고, 물음에 답하세요.

조선 시대에 전라도 고부라는 지역의 관리였던 조병갑은 자신의 재산을 늘리기 위해 농민들의 돈을 빼앗았다. 그리고 농민들에게 저수지 만드는 일을 시키면서 돈을 주지 않았고, 저수지 물을 이용하는 농민들에게는 강제로 세금을 거두었다. 또한 자신의 아버지를 기념하는 비석을 만든다고 농민들에게 돈을 내게 했고, 농민들에게 없는 죄를 뒤집어씌워 돈을 빼앗는 등 온갖 나쁜 짓을 저질렀다.

불만이 쌓인 농민들은 전봉준과 함께 조병갑을 찾아가 억울한 사정을 호소했다. 하지만 조병갑은 오히려 화를 내며 농민들을 감옥에 가두었다. 이에 참다못한 농민 대표들이 모여 다시 조병갑을 찾아갔지만 조병갑을 만나기는커녕 마당에서 쫓겨났다.

결국 1894년에 조병갑의 *횡포를 견디지 못한 농민들이 들고 일어났다. 농민들은 전봉준을 지도자로 삼아 *관가로 쳐들어갔는데, 이것이 고부 농민 *봉기이다.

*횡포: 자신의 힘이나 권력 들을 써서 남에게 거칠고 사납게 구는 것.
*관가: (옛날에) 나라의 일을 보던 관청.
*봉기: 많은 사람들이 벌떼처럼 떼 지어 세차게 들고일어남.

3 조병갑의 횡포에 대한 결과로 일어난 일은 무엇인지 이 글에서 여섯 글자로 된 말을 찾아 쓰세요.

(   )

4 다음 (   ) 안에 들어갈 알맞은 사자성어에 ○표 하세요.

조병갑은 죄가 없는 농민들에게 (우공이산 , 적반하장)으로 화를 내었다.

5 이 글을 읽고 생각이나 느낌을 바르게 말하지 <u>못한</u> 친구는 누구인지 쓰세요.

경수: 전봉준은 배은망덕한 농민들을 보며 안타까움을 느꼈을 거야.
승아: 조병갑에게 괴롭힘을 당하던 농민들은 서로 동병상련을 느꼈을 거야.
원재: 안하무인으로 행동하는 조병갑을 보며 전봉준도 분노를 느꼈을 거야.

(   )

사자성어 총정리

1 사자성어의 뜻에 알맞은 낱말을 골라 ○표 하세요.

❶ 견원지간   사이가 매우 (나쁜 , 좋은) 관계.

❷ 관포지교   정이 두터운 (부부 , 친구) 사이.

❸ 동고동락   괴로움도 즐거움도 (잊음 , 함께함).

❹ 죽마고우   어릴 때부터 같이 놀며 자란 (친구 , 원수).

❺ 주객전도   주인과 손님의 위치가 서로 (같아짐 , 뒤바뀜).

❻ 표리부동   속마음과 (같게 , 다르게) 말하거나 행동하는 것.

❼ 살신성인   자기 자신을 (보호하여 , 희생하여) 어진 행동을 함.

❽ 동병상련   어려운 처지에 있는 사람끼리 서로 (가엾게 , 소홀히) 여김.

❾ 유유상종   (비슷한 , 반대되는) 특성을 가진 사람들끼리 서로 어울려 사귀는 것.

❿ 근묵자흑   (나쁜 , 모르는) 사람과 가까이 지내면 나쁜 버릇에 물들기 (쉬움 , 어려움).

⓫ 동상이몽   겉으로는 (같이 , 다르게) 행동하면서도 속으로는 각각 (다른 , 똑같은) 생각을 하고 있음.

⓬ 타산지석   다른 사람의 (좋은 , 좋지 않은) 태도나 행동도 자신의 몸과 마음을 바로 잡는 데에 도움이 될 수 있음.

2 다음 뜻을 가진 사자성어를 완성하세요.

❶ 서로서로 도움.

➡ | 상 | | | |

❷ 남에게 입은 은혜를 저버리고 배신함.

➡ | | | 덕 | |

❸ 자식이 자라 부모를 지극하게 모시는 효성.

➡ | | | 효 | |

❹ 하나가 망하면 다른 하나도 온전하기 어려움.

➡ | | 치 | | |

❺ 세상에서 자기가 가장 잘난 듯이 남을 깔보고 업신여김.

➡ | | 하 | | |

❻ 두 사람이 서로 다투는 사이에 다른 사람이 힘들이지 않고 이익을 대신 얻음.

➡ | 어 | | | |

❼ 처지를 바꾸어서 생각하여 봄.

➡ | | | | |

❽ 마음과 마음으로 서로 뜻이 통함.

➡ | | | | |

❾ 잘못한 사람이 아무 잘못도 없는 사람을 나무람.

➡ | | | | |

❿ 무슨 일이든 자기 생각대로 혼자서 처리하는 사람.

➡ | | | | |

⓫ 여러 사람이 조금씩 힘을 합하면 한 사람을 돕기 쉬움.

➡ | | | | |

⓬ 옳고 그름에 관계없이 자기 마음에 맞으면 좋아하고 그렇지 않으면 싫어함.

➡ | | | | |

말과 행동

말과 행동은 무척 중요해.

말과 행동을 통해 다른 사람에게 기쁨이나 행복, 희망을 줄 수도 있지만,

반대로 다른 사람에게 상처를 줄 수도 있기 때문이지.

이번 장에서는 말과 행동에 관련된 사자성어를 알아보자.

● 학습 계획표 ●

공부한 날		학습 내용	확인
21 day	/	오늘의 어휘 77 ~ 84	
22 day	/	오늘의 어휘 85 ~ 91	
23 day	/	어휘 먹고, 독해 먹고	
24 day	/	오늘의 어휘 92 ~ 96	
25 day	/	오늘의 어휘 97 ~ 102	
26 day	/	어휘 먹고, 독해 먹고	
27 day	/	오늘의 어휘 103 ~ 107	
28 day	/	오늘의 어휘 108 ~ 115	
29 day	/	어휘 먹고, 독해 먹고	
30 day	/	척 하면 착! 사자성어 총정리	

오늘의 어휘

77 감언이설 | 甘 달 감　言 말씀 언　利 이로울 이　說 말씀 설

착한 친구야, 드론 한 번만 날리게 해 주면 딱지 다섯 개 줄게.

　드론을 날려 보고 싶은 아이가 드론을 갖고 있는 아이의 *비위를 맞춰 가며 달콤한 말로 꾀고 있군. 이런 행동을 나타내는 말이 '감언이설'이야.

　'감언이설'은 남의 마음을 꾀기 위한 달콤한 말을 뜻해.

＊비위: 어떤 것을 좋아하거나 싫어하는 성미. 또는 그러한 기분.

> **78**
> 비 **사탕발림**: 달콤한 말로 남의 비위를 맞추어 살살 달래는 일. 또는 그런 말.

이렇게 써먹자~　마트 판매원의 **감언이설**에 넘어가 필요하지도 않은 물건을 사 버렸어.

79 묵묵부답 | 默 잠잠할 묵　默 잠잠할 묵　不 아닌가 부　答 대답할 답

너 왜 약속 장소에 안 나왔어?

　짝에게 약속 장소에 안 나온 까닭을 물었는데 짝은 아무 대답도 하지 않고 있어. 짝의 이런 행동을 나타내는 말이 '묵묵부답'이야.

　*잠자코 아무 대답도 하지 않음을 뜻하는 말이지.

＊잠자코: 아무 말 없이 가만히.

> **80**
> 비 **침묵**: 아무 말도 없이 잠잠히 있음. 또는 그런 상태.

이렇게 써먹자~　그렇게 **묵묵부답**으로 있지 말고 무슨 말 좀 해 봐.

81 유언비어 | 流 흐를 유　言 말씀 언　蜚 바퀴 비　語 말씀 어

너가 서준이 좋아한다는 소문이 학교에 좍 퍼졌어.

내가? 다 헛소문이야.

여자아이가 서준이를 좋아한다는 소문이 학교에 좍 퍼졌나 봐. 그런데 헛소문이래. 이런 헛소문을 나타내는 말이 '유언비어'야.

'유언비어'는 아무 근거 없이 널리 퍼진 소문을 뜻해.

> 82 비 뜬소문: 이 사람 저 사람 입에 오르내리며 근거 없이 떠도는 소문.

이렇게 써먹자~ 연예인들은 **유언비어** 때문에 곤란을 겪기도 해. 헛소문인데도 믿는 사람들이 있거든.

83 자화자찬 | 自 스스로 자　畵 그림 화　自 스스로 자　讚 기릴 찬

제가 그렸지만 참 훌륭하지 않습니까?

한 화가가 자신의 그림이 훌륭하다며 칭찬하고 있어. 화가의 이런 행동을 나타내는 말이 '자화자찬'이야.

'자화자찬'을 한자 그대로 풀이하면 자기가 그린 그림을 스스로 칭찬한다는 말이야. 자기가 한 일을 스스로 자랑함이라는 뜻이지.

> 84 비 자찬: 자기를 스스로 칭찬함.

이렇게 써먹자~ 엄마는 자신이 만든 김치가 세상에서 제일 맛있다며 **자화자찬**을 하셨어.

1 다음 그림을 보고, 사자성어를 완성하세요.

(1)

(2)

(3)

(4)

2 빈칸에 들어갈 글자 카드를 골라 차례대로 이으면 어떤 낱말이 되는지 쓰세요.

당   부   음   자   절

묵묵 ☐ 답	자화자찬
잠자코 아무 대답도 하지 않음.	☐ 기가 한 일을 스스로 자랑함.

(   )

3 글자 칸을 색칠하여 다음 상황에 알맞은 사자성어를 완성하세요.

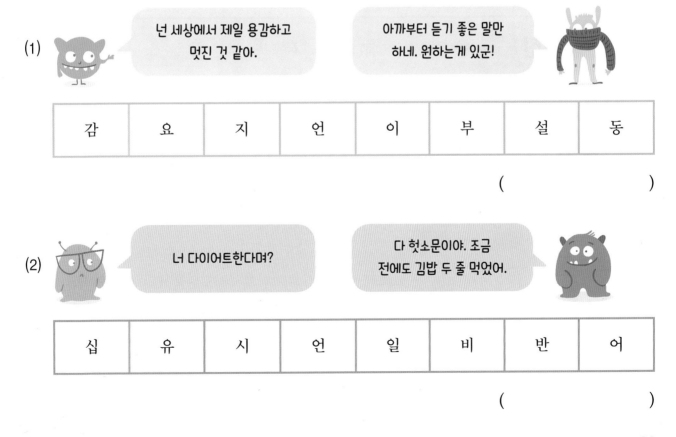

(1)

넌 세상에서 제일 용감하고 멋진 것 같아.

아까부터 듣기 좋은 말만 하네. 원하는게 있군!

감	요	지	언	이	부	설	동

(   )

(2)

너 다이어트한다며?

다 헛소문이야. 조금 전에도 김밥 두 줄 먹었어.

십	유	시	언	일	비	반	어

(   )

오늘의 어휘

85 시시비비 | 是 옳을시　是 옳을시　非 아닐비　非 아닐비

누가 잘했고 잘못했는지 따져 보자.

원님이 누가 잘했고 누가 잘못했는지 따져 보자고 하네. 이런 원님의 행동을 '시시비비를 따지다.' 또는 '시시비비를 가리다.'라고 해.

'시시비비'는 잘한 것과 잘못한 것을 뜻하는 말이야. 옳은 것과 잘못된 것을 따지며 다툼을 뜻하기도 하지.

86
비 잘잘못: 잘함과 잘못함.

이렇게 써먹자~ 나와 동생이 싸울 때마다 형이 **시시비비**를 가려 주었어.

87 분골쇄신 | 粉 가루분　骨 뼈골　碎 부술쇄　身 몸신

몸이 부서져도 나라를 위하여 열심히 싸우겠습니다.

한 장군이 몸이 부서져도 나라를 위하여 열심히 싸우겠다고 맹세하고 있어. 장군의 이런 행동과 관계있는 말이 '분골쇄신'이야.

'분골쇄신'을 한자 그대로 풀이하면 뼈를 가루로 만들고 몸을 부순다는 말이야. 그 정도로 어떤 일에 온 힘을 다해 노력하는 것을 이르는 말이지. 이 말은 최선을 다하겠다는 다짐을 말할 때 많이 써.

이렇게 써먹자~ 이 일을 맡겨만 주시면 **분골쇄신**으로 열심히 할게요.

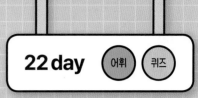

88 와신상담 | 臥 누울 와　薪 땔나무 신　嘗 맛볼 상　膽 쓸개 담

지난 대회에 아깝게 준우승을 한 배구 대표 팀이 열심히 훈련하고 있습니다.

지난 대회에 준우승을 한 배구 대표 팀이 열심히 훈련하고 있군. 힘들어도 참고 견디며 훈련할 거야. 이런 행동을 나타내는 말이 '와신상담'이야.

'와신상담'을 한자 그대로 풀이하면 땔나무 위에 눕고 쓸개를 맛본다는 말이야. 원수를 갚거나 마음 먹은 일을 이루기 위하여 온갖 어려움과 괴로움을 참고 견디는 것을 뜻해.

89
비 인내: 괴로움이나 어려움을 참고 견딤.

이렇게 써먹자~ 요리사 자격증을 따기 위해 **와신상담**의 노력을 기울여 왔어.

90 자가당착 | 自 스스로 자　家 집 가　撞 칠 당　着 붙을 착

이 창은 어떤 방패라도 뚫을 수 있어요. 이 방패는 어떤 창도 뚫지 못하지요.

상인이 창과 방패를 팔면서 하는 말을 잘 살펴봐. 말의 앞뒤가 안 맞지? 어떤 방패라도 뚫을 수 있는 창과 어떤 창도 뚫지 못하는 방패는 동시에 있을 수가 없거든. 이럴 때 쓰는 말이 '자가당착'이야.

'자가당착'은 사람의 말이나 행동이 앞뒤가 서로 맞지 않음을 뜻해.

91
비 모순: 어떤 사실의 앞뒤, 또는 두 사실이 서로 어긋나 이치에 맞지 않음.

이렇게 써먹자~ **자가당착**에 빠졌구나. 말의 앞뒤가 안 맞잖아.

퀴즈! 퀴즈!

1 다음 그림을 보고, 사자성어를 완성하세요.

(1)

ㅈ ㄱ ㄷ ㅊ

➡ _____

(2)

| 분 | 골 | | |

(3)

| 시 | 시 | | |

(4)

ㅇ ㅅ ㅅ ㄷ

➡ _____

2 다음 낱말과 비슷한 뜻을 가진 사자성어가 되도록 주사위를 고르고, 두 수의 합을 구하여 쓰세요.

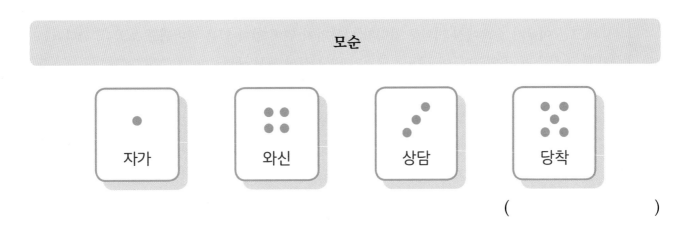

모순

자가   와신   상담   당착

(   )

3 다음 사다리를 따라가 사자성어에 어울리는 상황이면 ○표, 어울리는 상황이 <u>아니면</u> ✕표 하세요.

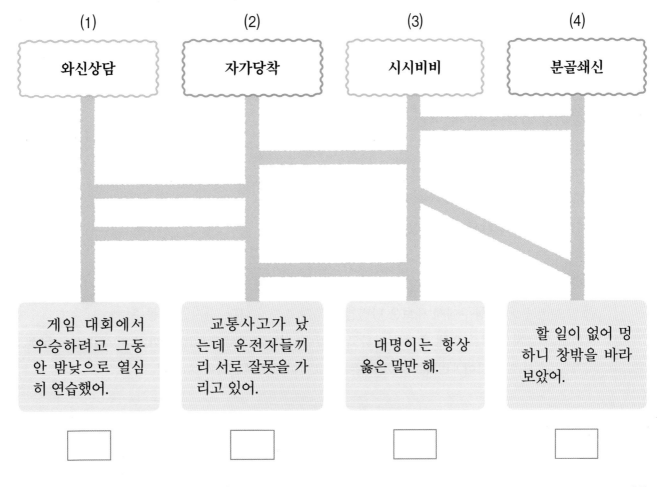

(1) 와신상담   (2) 자가당착   (3) 시시비비   (4) 분골쇄신

게임 대회에서 우승하려고 그동안 밤낮으로 열심히 연습했어.

교통사고가 났는데 운전자들끼리 서로 잘못을 가리고 있어.

대명이는 항상 옳은 말만 해.

할 일이 없어 멍하니 창밖을 바라보았어.

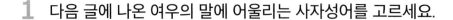

1 다음 글에 나온 여우의 말에 어울리는 사자성어를 고르세요.

> 배고픈 여우가 숲속에서 먹이를 찾다가 나뭇가지 위에 앉아 있는 까마귀를 보았다. 까마귀는 고기 한 조각을 물고 있었다. 여우는 그 고기가 먹고 싶어 꾀를 냈다.
> "안녕, 까마귀야. 넌 참으로 아름답구나!"
> 그렇지만 까마귀는 아무런 대답도 하지 않았다.
> "넌 깃털도 훌륭하고 날개도 멋지구나. 목소리도 아름답겠지? 아름다운 네 목소리로 노래 한 곡만 불러 줘. 그러면 널 새들의 여왕이라 부를게."
> 까마귀는 새들의 여왕이라는 말에 자신의 목소리를 뽐내고 싶어졌다.
> "까악, 까악! 까악, 까악!"
> 까마귀는 입을 벌려 노래를 불렀다. 그러자 까마귀가 물고 있던 고기가 아래로 떨어졌다. 여우는 그 고기를 맛있게 먹고 자리를 떠났다.

자가당착	감언이설	자화자찬

2 ㉠에 들어갈 알맞은 사자성어는 무엇인가요? (   )

> 이 몸이 죽고 죽어 일백 번 고쳐 죽어
> 백골이 진토 되어 넋이라도 있고 없고
> 임 향한 일편단심이야 가실 줄이 있으랴
>
> 이 시조는 정몽주가 지은 「단심가」입니다. 이방원이 지은 「하여가」에 답으로 쓴 시조이지요. 고려 말, 이방원은 정몽주에게 새로운 나라를 세우자고 했습니다. 하지만 정몽주는 ㉠ 의 자세로 오로지 고려를 위해 충성을 다하고 싶었습니다. 그래서 고려를 끝까지 지키고 싶은 굳센 의지가 담긴 시조를 지어 이방원에게 보냈는데, 그것이 바로 「단심가」입니다.

① 수수방관   ② 분골쇄신   ③ 자화자찬
④ 자가당착   ⑤ 견물생심

[3~5] 다음 글을 읽고, 물음에 답하세요.

중국 한나라 때 두영이라는 장군이 있었다. 두영은 벼슬도 높고 권력도 강했다. 하지만 황제가 바뀌면서 세력이 차츰 기울었다. 대신 전분이라는 사람이 세력을 잡았다. 그러자 사람들은 전분의 마음을 얻으려고 애를 썼다. 하지만 관부라는 장수만은 두영과의 의리를 지켰다.

어느 날, 관부의 결혼식이 열렸다. 그런데 결혼식에 참석한 전분이 술에 취해 이렇게 말했다.

"요즘 이빨 빠진 호랑이가 있다고 하는데 누군지 아는가? 바로 저 두영이라는 늙은이지."

두영은 몹시 화가 났지만 꾹 참았다. 그러나 관부는 참지 않았다.

"그 무슨 무례한 말이오? 그렇게 거만을 떨다가는 언젠가 큰 화를 당할 것이오."

이 말에 화가 난 전분은 관부를 감옥에 가두었다. 그리고 황제에게 *상소를 올려 관부의 억울함을 주장하던 두영도 감옥에 갇히게 되었다. 두영을 없애고 싶었던 전분은 한 가지 꾀를 내었다.

얼마 뒤, 두영이 감옥에서 황제를 헐뜯었다는 소문이 퍼졌다. 물론 이것은 전분이 퍼뜨린 거짓 소문이었다. 이 소문은 황제의 귀에까지 들어갔다. 황제는 ㉠와신상담도 따지지 않고 두영을 처형시켰다.

＊**상소**: 어떤 사연이나 의견을 글로 적어 임금에게 올리던 일. 또는 그 글.

3 전분이 두영을 없애기 위해 낸 꾀는 무엇인지 쓰세요.

• 두영이 감옥에서 (   )은/는 거짓 소문을 내는 것

4 이 글의 내용을 <u>잘못</u> 이해한 친구의 이름을 쓰세요.

수경: 두영과 전분은 상부상조하며 지냈어.

지훈: 두영은 유언비어 때문에 목숨을 잃었어.

영우: 세력이 강해진 전분은 안하무인으로 행동했어.

(   )

5 ㉠을 바르게 고쳐 쓴 것은 무엇인가요? (   )

① 자화자찬   ② 주객전도   ③ 묵묵부답

④ 적반하장   ⑤ 시시비비

92 과유불급 | 過 지날 과　猶 오히려 유　不 아닐 불　及 미칠 급

많이 먹으니까 배탈이 나잖아.

음식을 너무 많이 먹어서 배탈이 났군. 이렇게 지나쳐서 오히려 해가 되었을 때 쓸 수 있는 말이 있어. 바로 '과유불급'이야.

'과유불급'은 정도를 지나침은 미치지 못함과 같다는 뜻이야. 지나치거나 모자라지 않고 한쪽으로 치우치지 않는 상태가 중요하다는 말이지.

＊**해**: 이롭지 않게 하거나 손상을 입힘. 또는 그런 것.
＊**미치다**: 어떤 기준이나 수준 등에 닿거나 이르다.

이렇게 써먹자~　**과유불급**이라고, 어제 줄넘기를 한 시간도 넘게 했더니 다리가 아파.

93 경거망동 | 輕 가벼울 경　擧 들 거　妄 허망할 망　動 움직일 동

아는 내용인 것 같아 빨리 풀었더니 거의 다 틀렸네.

ㅋㅋ

아는 내용인 것 같아 시험 문제를 빨리 풀었다가 거의 다 틀렸군. 이런 행동을 나타내는 말이 '경거망동'이야.

'경거망동'은 경솔하고 조심성 없이 행동함. 또는 그런 행동을 뜻하는 말이야. 일의 앞뒤를 생각하지 않고 경솔하게 행동하는 것을 말해.

＊**경솔하다**: 말이나 행동이 조심성 없고 신중하지 못하다.

이렇게 써먹자~　아빠는 나에게 **경거망동**하지 말고 얌전히 행동하라는 말씀을 자주 하셔.

94 일구이언 | 一 하나 일 口 입 구 二 두 이 言 말씀 언

동생과 샌드위치를 나눠 먹겠다고 말해 놓고 뒤돌아서는 또 혼자 먹겠대. 이런 행동을 가리키는 말이 '일구이언'이야.

'일구이언'을 한자 그대로 풀이하면 한 입으로 두 말을 한다는 말이야. 한 가지 일에 대하여 말을 이랬다저랬다 함을 뜻하는 말이지.

95 비 **한 입으로 두말하기**: 한 가지 일에 대하여 말을 이렇게 하였다 저렇게 하였다 함.

이렇게 써먹자~ 친구가 책을 빌려준다고 해 놓고 다시 안 빌려주겠다고 **일구이언**을 해서 화가 났어.

96 중언부언 | 重 거듭 중 言 말씀 언 復 다시 부 言 말씀 언

한 아이가 꿈에 대해 발표를 하고 있네. 그런데 변호사가 되고 싶다는 말을 여러 번 하고 있어.

이렇게 이미 한 말을 자꾸 되풀이하는 행동이나 그런 말을 뜻하는 말이 '중언부언'이야. 핵심이 없이 빙빙 돌려 가면서 설명할 때, 혼자서 아무 말이나 *주절거리는 모습을 나타낼 때에도 '중언부언'이라는 말을 써.

* **주절거리다**: 낮은 목소리로 말을 계속하다.

이렇게 써먹자~ **중언부언**하지 말고 약속에 늦은 이유를 정확히 말해 봐.

퀴즈! 퀴즈!

1 다음 그림을 보고, 사자성어를 완성하세요.

(1)

아는 내용인 것 같아 빨리 풀었더니 거의 다 틀렸네.

ㅋㅋ

| 경 | 거 | | |

(2)

나의 꿈에 대해 발표하기

저는 변호사가 되고 싶습니다. 왜냐하면 변호사가 되고 싶기 때문입니다.

그래서 변호사가 되고 싶습니다.

ㅈ ㅇ ㅂ ㅇ

➡ _____

(3)

동생과 샌드위치 나눠 먹어야지.

샌드위치 나 혼자 먹을 거야.

ㅇ ㄱ ㅇ ㅇ

➡ _____

(4)

많이 먹으니까 배탈이 나잖아.

| 과 | 유 | | |

2 빈칸에 들어갈 말을 골라 사자성어의 뜻을 완성하세요.

(1)
> **일구이언**: 한 가지 일에 대하여 말을 _____.

| 하지 않음 | 되풀이해서 함 | 이랬다저랬다 함 |

(2)
> **중언부언**: 이미 한 말을 자꾸 _____ 행동이나 그런 말.

| 뒤집는 | 잊어버리는 | 되풀이하는 |

(3)
> **경거망동**: 경솔하고 _____ 없이 행동함. 또는 그런 행동.

| 가능성 | 조심성 | 필요성 |

3 사자성어를 알맞게 사용한 칸을 색칠하세요.

❶ <u>중언부언</u> 쓴 글은 이해하기가 어려워.	❷ 나는 약속한 것은 반드시 지키는 <u>일구이언</u>하는 사람이야.	❸ 시진이는 <u>경거망동</u>할 애가 아니야. 무슨 일이든 차근차근 하는 편이거든.
❹ <u>중언부언</u>이라는 말처럼 고운 말을 쓰도록 노력해야 해.	❺ 자꾸 <u>일구이언</u>하면 친구들이 네 말을 믿어 주지 않을 거야.	❻ <u>과유불급</u>이라고 건강에 좋은 음식도 많이 먹으면 몸에 해로워.

오늘의 어휘

97 솔선수범 | 率 거느릴 솔　先 먼저 선　垂 드리울 수　範 법 범

회장으로서 모범을 보여야지.

회장이 모범을 보이기 위해 교실 바닥에 떨어진 쓰레기를 줍고 있어. 회장의 이런 태도를 나타내는 말이 '솔선수범'이야.

남보다 *앞장서서 먼저 행동하여 다른 사람의 *본보기가 됨을 뜻하는 말이지.

*앞장서다: 어떤 일을 하는 때에 가장 먼저 나서다.
*본보기: 보고 배워서 본을 받을 만한 대상.

이렇게 써먹자~ 내가 **솔선수범**해서 일찍 일어나면 동생도 따라서 일찍 일어나겠지?

98 동분서주 | 東 동녘 동　奔 달아날 분　西 서녘 서　走 달릴 주

동쪽 →

← 서쪽

한 아이가 여기저기 바쁘게 뛰어다니고 있군. 무척 바쁜가 봐. 이럴 때 쓰는 말이 '동분서주'야.

'동분서주'를 한자 그대로 풀이하면 동쪽으로 뛰고 서쪽으로 뛴다는 말이야. 사방으로 이리저리 몹시 바쁘게 돌아다님을 이르는 말이지.

99
비 분주: 몹시 바쁘게 뛰어다님.

이렇게 써먹자~ 휴일에 문을 연 약국을 찾으려고 **동분서주**하며 돌아다녔어. 그러다가 마침내 찾았지.

100 우유부단

優 넉넉할 우   柔 부드러울 유   不 아닌가 부   斷 끊을 단

이 빵? 저 빵? 무엇을 고를까?

한 아이가 여러 종류의 빵 중에서 무엇을 골라야 할지 망설이고 있어. 이런 *결단성이 없는 행동을 나타내는 말이 '우유부단'이야.

망설이기만 하고 결정을 짓지 못함을 뜻하는 말이지.

*결단성: 중요한 일을 판단하여 최종적으로 결정하는 성질.

이렇게 써먹자~ 생일잔치에 누구를 초대할지 아직도 못 정했어? 정말 **우유부단**하구나.

101 주경야독

晝 낮 주   耕 밭갈 경   夜 밤 야   讀 읽을 독

낮

밤

낮에는 일을 하고 밤에는 글을 읽고 있어. 바쁘게 지내면서도 부지런히 공부를 하고 있군. 이런 행동을 나타내는 말이 '주경야독'이야.

'주경야독'을 한자 그대로 풀이하면 낮에는 농사 짓고, 밤에는 글을 읽는다는 말이야. 어려운 환경 속에서도 열심히 공부하는 것을 뜻하는 말이지.

102
비 **형설지공**: 고생을 하면서 부지런하고 꾸준하게 공부하는 자세.
└ 螢 개똥벌레 형 雪 눈 설 之 갈 지 功 공 공

이렇게 써먹자~ 우리 이모는 낮에는 회사를 다니고 밤에는 대학을 다니며 **주경야독**을 했대. 정말 대단한 것 같아.

1 다음 그림을 보고, 사자성어를 완성하세요.

(1)

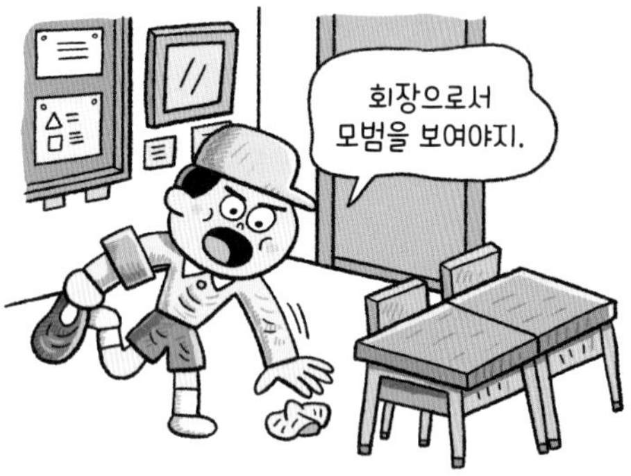

회장으로서 모범을 보여야지.

| 솔 | 선 | | |

(2)

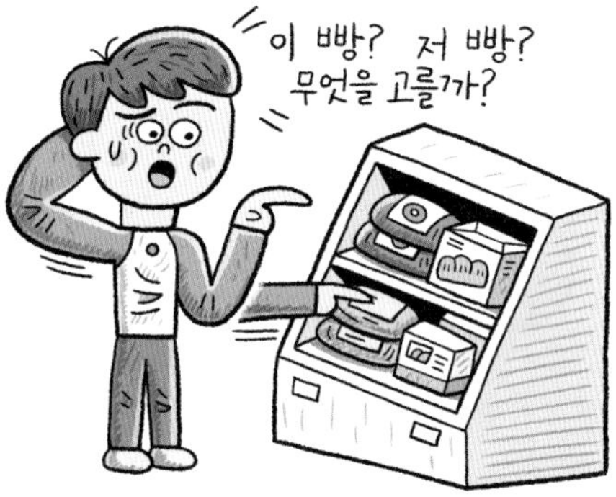

이 빵? 저 빵? 무엇을 고를까?

| | | 부 | 단 |

(3)

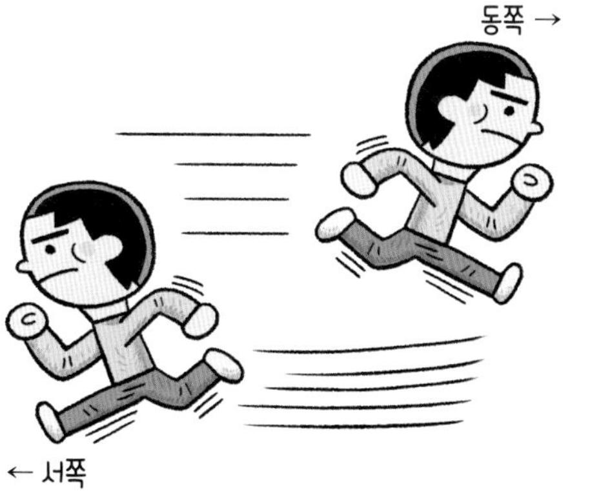

동쪽 →

← 서쪽

ㄷㅂㅅㅈ

➡ _____

(4)

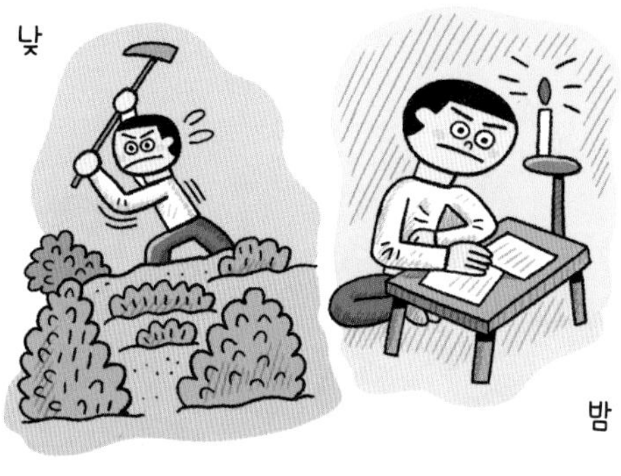

낮

밤

ㅈㄱㅇㄷ

➡ _____

2 가로 열쇠, 세로 열쇠를 보고 낱말 퍼즐을 완성하세요.

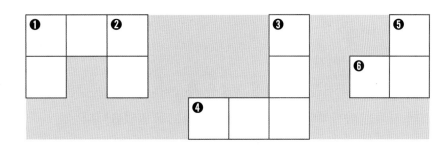

[가로 열쇠]

❶ 계절이 바뀌는 시기. 예 겨울에서 봄으로 넘어가는 ○○○에는 감기에 걸리기 쉽다.

❹ 작은 것을 크게 보이게 하는 렌즈. 예 ○○○를 사용해 땅을 기어가는 개미들을 관찰하였다.

❻ 친구 사이의 정. 예 나랑 명수는 오랫동안 ○○을 쌓아 온 친구이다.

[세로 열쇠]

❶ 주경야독: 어려운 ○○ 속에서도 열심히 공부하는 것.

❷ 이전의 모습, 사실, 지식, 경험 등을 잊지 않거나 다시 생각해 냄.

❸ 솔선수범: 남보다 앞장서서 먼저 행동하여 다른 사람의 ○○○가 됨.

❺ 우유부단: 망설이기만 하고 ○○을 짓지 못함.

3 다음 말과 뜻이 비슷한 사자성어를 찾아 ○표 하세요.

(1) **형설지공**

자	가	당	착
우	유	부	단
중	언	부	언
주	경	야	독

(2) **분주**

솔	선	수	범
자	화	자	찬
동	분	서	주
경	거	망	동

1 다음 글의 내용에 대해 바르게 말한 것에 ○표 하세요.

> "난 불고기버거 먹을래."
>
> "그럼 난 치킨버거 먹어야지."
>
> 정준이와 시언이는 햄버거를 주문하려고 줄을 섰습니다. 앞에는 같은 반 아이인 지혜가 서 있었습니다. 그런데 지혜는 아까부터 계속 메뉴판만 바라보고 있었습니다.
>
> "저, 요즘 인기 있는 메뉴가 뭐예요?"
>
> 한참을 망설이던 지혜가 점원에게 물었습니다.
>
> "치즈버거랑 새우버거를 많이 찾으세요."
>
> "그래요? 음…… 그러면 음…….""
>
> 지혜는 이번에도 주문을 하지 않고 메뉴판만 바라보았습니다. 얼마쯤 지났을까.
>
> "콜라 한 잔 주세요. 버거는…… 아이 참, 어떤 버거를 먹을까? 음…….""
>
> 순간 정준이와 시언이의 얼굴이 일그러졌습니다.

(1) 점원은 지혜의 물음에 묵묵부답이었다. (   )

(2) 메뉴를 정하는 정준이의 모습은 독불장군과도 같았다. (   )

(3) 지혜는 우유부단해서 무엇을 먹을지 쉽게 결정하지 못했다. (   )

2 ㉠과 ㉡ 중 '과유불급'과 관계있는 내용은 무엇인지 기호를 쓰세요.

> 물을 마시는 것은 건강을 위해 매우 중요한 일이다. 그렇다면 물은 어떻게 마시는 것이 좋을까?
>
> ㉠ 첫째, 목이 마르기 전에 마신다. 목이 마르다고 느끼는 것은 우리 몸속의 *수분이 부족하다는 신호이다. 따라서 목이 마르기 전에 물을 마시는 것이 좋다. 특히 아침에 일어났을 때와 자기 전에 한 잔씩 마시는 것이 좋다.
>
> ㉡ 둘째, 알맞은 양을 나눠서 마셔야 한다. 물을 마시지 않고 있다가 한꺼번에 너무 많이 마시게 되면 심장에 무리가 가고 혈액이 *묽어져 호흡이 어려워지는 것 같은 증세가 나타날 수 있다.
>
> *수분: 축축한 물의 기운.
>
> *묽어지다: 물감이나 약 따위에 섞여야 할 물의 비중이 지나치게 많아지다.

(   )

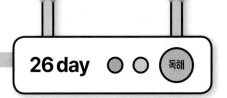

[3~5] 다음 글을 읽고, 물음에 답하세요.

경비 아저씨께

안녕하세요? 저는 101동 302호에 사는 김나현입니다. 아저씨께 감사의 마음을 전하고 싶어서 이렇게 편지를 씁니다.

어제 아침에 일어나 보니 함박눈이 펑펑 내리고 있었습니다. 텔레비전 뉴스에서는 새벽부터 내린 눈이 얼었으니 다닐 때 주의해야 한다고 하였습니다. 엄마도 뛰지 말고 조심히 걸어가라고 신신당부하셨지요. 그런데 아파트를 나서는 순간 깜짝 놀랐습니다. 제가 사는 101동 앞에는 이미 눈이 치워져 있었기 때문입니다. 언니는 경비 아저씨께서 눈을 쓸어 주신 거라고 했습니다. 아파트 후문 쪽을 보니 아저씨께서는 곳곳에 쌓인 눈을 치우기 위해 ㉠여기저기 바쁘게 돌아다니고 계셨습니다. 아저씨, 추운 날씨에도 주민들을 위해서 애써 주셔서 감사합니다. 항상 다른 사람에게 친절하게 대해 주시고, 아파트 일이라면 누구보다 앞장서는 아저씨를 본받고 싶습니다.

아저씨, 다시 한번 감사드립니다. 그럼 안녕히 계세요.

20〇〇년 12월 〇〇일

101동에 사는 김나현 올림

3 나현이가 경비 아저씨께 편지를 쓴 까닭은 무엇인지 쓰세요.

• (   )을/를 전하고 싶어서

4 ㉠과 바꾸어 쓸 수 있는 말은 무엇인가요? (   )

① 동분서주하고　　　　　　　　② 중언부언하고

③ 감언이설하고　　　　　　　　④ 십시일반하고

⑤ 노심초사하고

5 경비 아저씨와 비슷한 친구는 누구인지 ○표 하세요.

(1) 학급 일에 솔선수범하는 태연 (   )

(2) 일구이언을 밥 먹듯 하는 명호 (   )

(3) 늘 경거망동하게 행동하는 현규 (   )

103 동문서답 | 東 동녘 동　問 물을 문　西 서녘 서　答 대답할 답

동쪽이 어느 방향이지?!

내일 만나자.

　동쪽이 어느 방향이냐고 물었는데 내일 만나자는 엉뚱한 대답을 하고 있어.

　이처럼 물음과는 전혀 상관없는 엉뚱한 대답을 뜻하는 말이 '동문서답'이야. 질문을 제대로 이해하지 못해 정확한 대답을 하지 못하거나 묻는 사람과 입장이 달라 질문을 애써 무시하여 다르게 대답할 때 쓰지.

이렇게 써먹자~　지금 몇 시냐고 물었는데 배가 고프다고 **동문서답**을 하면 어떻게 해?

104 심사숙고 | 深 깊을 심　思 생각 사　熟 익을 숙　考 상고할 고

이 문제를 해결하려면…
음….
도대체 언제까지 생각하는 거야?

　문제를 해결할 방법을 오랫동안 생각하고 있군. 참 *신중한 아이인가 봐. 이렇게 깊이 생각하는 모습을 나타내는 말이 '심사숙고'야.

　'심사숙고'는 깊이 잘 생각함을 뜻해.

＊**신중하다**: 매우 조심스럽다.

105
비 궁리: 마음속으로 이리저리 따져 깊이 생각함. 또는 그런 생각.

이렇게 써먹자~　중요한 문제이니까 오랫동안 **심사숙고**한 뒤에 결정하는 것이 좋을 것 같아.

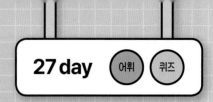

106 언행일치 | 言 말씀 언 行 다닐 행 一 하나 일 致 이를 치

뭐든지 아껴야 해.

팟!

할머니는 뭐든지 아껴야 한다고 말씀하시면서 전등 스위치를 끄셨어. 말한 대로 *실행하고 계신 거지.

이처럼 말과 행동이 같음. 또는 말한 대로 행동함을 뜻하는 말이 '언행일치'야. '언행일치'는 실천의 중요성을 강조하는 말이지.

* **실행하다**: 실제로 행하다.

···

이렇게 써먹자~ **언행일치**를 이루기 위해 한번 한 말은 반드시 지키려고 노력해.

107 결초보은 | 結 맺을 결 草 풀 초 報 갚을 보 恩 은혜 은

까치가 자신의 목숨을 구해 준 사람에게 은혜를 갚고 죽었구나.

은혜 갚은 까치

한 아이가 『은혜 갚은 까치』를 읽고 있어. 『은혜 갚은 까치』는 까치가 자신의 목숨을 구해 준 사람에게 은혜를 갚고 죽었다는 내용의 이야기야. 까치의 이런 행동을 가리키는 말이 '결초보은'이야.

죽은 뒤에라도 은혜를 잊지 않고 갚음을 이르는 말이지.

···

이렇게 써먹자~ 청년은 자신을 도와준 마을 사람들에게 **결초보은**의 마음으로 꼭 보답하겠다고 했어.

퀴즈! 퀴즈!

1 다음 그림을 보고, 사자성어를 완성하세요.

(1)

ㄱㅊㅂㅇ

➡ _____

(2)

이 문제를 해결하려면… 음…

도대체 언제까지 생각하는 거야?

ㅅㅅㅅㄱ

➡ _____

(3)

뭐든지 아껴야 해.

팟!

		일	치

(4)

동쪽이 어느 방향이지?

내일 만나자.

동	문		

2 다음과 같은 뜻을 가진 사자성어가 되도록 알맞은 말에 ○표 하세요.

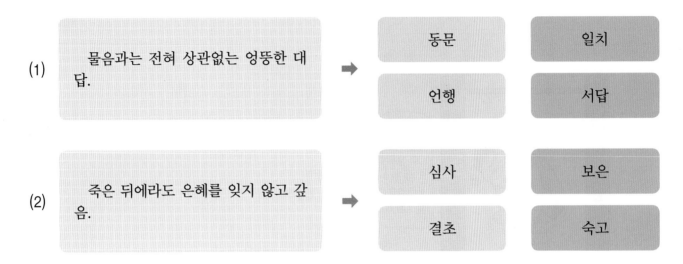

(1) 물음과는 전혀 상관없는 엉뚱한 대답.
→ 동문 / 일치 / 언행 / 서답

(2) 죽은 뒤에라도 은혜를 잊지 않고 갚음.
→ 심사 / 보은 / 결초 / 숙고

3 사자성어의 사용이 알맞으면 오른쪽 칸으로, 알맞지 <u>않으면</u> 아래 칸으로 선을 긋고 어떤 곤충이 나오는지 쓰세요.

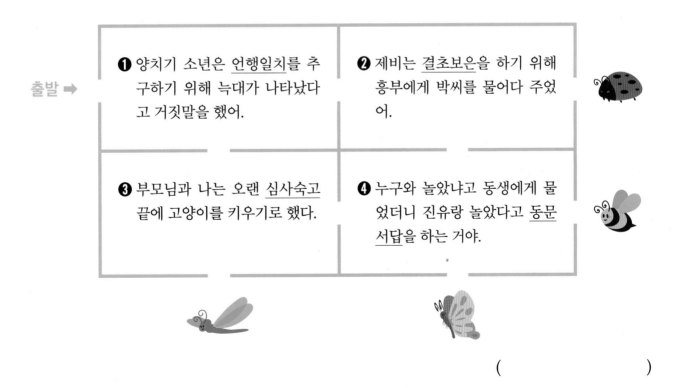

출발 ➡

❶ 양치기 소년은 <u>언행일치</u>를 추구하기 위해 늑대가 나타났다고 거짓말을 했어.

❷ 제비는 <u>결초보은</u>을 하기 위해 흥부에게 박씨를 물어다 주었어.

❸ 부모님과 나는 오랜 <u>심사숙고</u> 끝에 고양이를 키우기로 했다.

❹ 누구와 놀았냐고 동생에게 물었더니 진유랑 놀았다고 <u>동문서답</u>을 하는 거야.

( )

오늘의 어휘

108 자포자기 | 自 스스로 자 暴 사나울 포 自 스스로 자 棄 버릴 기

아무리 연습해도 두 개를 못 하겠네. 턱걸이는 포기하자.

아무리 연습해도 턱걸이 두 개를 못 해서 결국 포기했네. 이런 행동을 가리키는 말이 '자포자기'야.

절망에 빠져서 자신을 스스로 포기하고 돌아보지 아니함을 이르는 말이지.

109
비 **포기**: 하려던 일을 도중에 그만두어 버림.

이렇게 써먹자~ 어떠한 어려움이 있어도 **자포자기**하지 않는다면 힘들고 어려운 일도 극복할 수 있어.

110 이실직고 | 以 써 이 實 열매 실 直 곧을 직 告 아뢸 고

네가 도자기를 훔치지 않았느냐? 사실 그대로 말해 보거라.

원님이 어떤 사람에게 도자기를 훔치지 않았냐며 사실 그대로 말해 보라고 했어. 이럴 때 '이실직고'라는 말을 쓸 수 있어.

'이실직고'는 숨기거나 거짓말을 하지 않고 사실 그대로 말하는 것을 뜻해.

111
비 **실토**: 거짓 없이 사실대로 다 말함.

이렇게 써먹자~ 네가 유리창을 깼다고 **이실직고**한다면 용서해 줄게.

112 어불성설 | 語 말씀 어　不 아닐 불　成 이룰 성　說 말씀 설

이렇게 두꺼운 책을?

십 분 안에 읽고 돌려줘.

두꺼운 책을 십 분 안에 읽고 돌려 달라니 말도 안 되지?

이처럼 말이 *이치에 맞지 않음을 뜻하는 사자성어가 있는데, 바로 '어불성설'이야.

*이치: 정당하고 도리에 맞는 원리. 또는 근본이 되는 목적이나 중요한 뜻.

113
비 **만불성설**: 말이 전혀 이치에 맞지 아니함.

└ 萬 일만 만　不 아닐 불　成 이룰 성　說 말씀 설

이렇게 써먹자~ 공부를 하지도 않았으면서 백점을 받아야 한다고 말하는 것은 **어불성설**이지.

114 산전수전 | 山 메 산　戰 싸울 전　水 물 수　戰 싸울 전

병사들이 산에서도 싸우고 물에서도 싸우고 있어. 이것은 육지에서 싸우는 것보다 더 어렵고 힘들어. 그래서 전투 경험이 많지 않으면 지기 쉽지. 여기에서 나온 말이 '산전수전'이야.

이 말은 세상의 온갖 고생과 어려움을 다 겪음을 뜻해. 힘든 경험을 많이 한 사람을 가리킬 때 주로 써.

115
비 **단맛 쓴맛 다 보았다**: 세상의 온갖 일을 다 겪었다는 뜻으로, 많은 경험을 했음을 이르는 말.

이렇게 써먹자~ 어릴 때부터 안 해 본 일이 없을 정도로 **산전수전**을 겪은 사람에 대한 이야기를 읽고 감동을 받았어.

퀴즈! 퀴즈!

1 다음 그림을 보고, 사자성어를 완성하세요.

(1)

| 어 | 불 | | |

(2)

| | | 수 | 전 |

(3)

| ㅈ | ㅍ | ㅈ | ㄱ |

➡ _____

(4)

| ㅇ | ㅅ | ㅈ | ㄱ |

➡ _____

2 다음 말과 뜻이 비슷한 사자성어를 고르고, 해당하는 낱자를 조합해서 글자를 만들어 쓰세요.

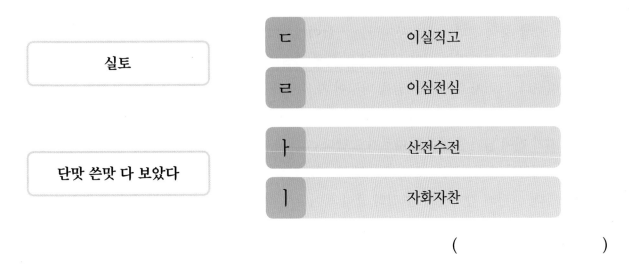

ㄷ	이실직고
ㄹ	이심전심
ㅏ	산전수전
ㅣ	자화자찬

실토

단맛 쓴맛 다 보았다

(   )

3 다음 글자 카드를 이용하여 문제의 답을 완성하세요.(단, 하나의 글자 카드를 두 번 사용할 수 있어요.)

기	불	설	성	어	자	포

(1) 말이 이치에 맞지 않음을 뜻하는 사자성어는?

(2) 절망에 빠져서 자신을 스스로 포기하고 돌아보지 아니한다는 뜻의 사자성어는?

1 다음 이야기에 나오는 노인의 행동을 나타내는 사자성어는 무엇인가요? (   )

> 옛날 중국 진나라에 위무자라는 사람이 있었다. 어느 날, 병에 걸린 위무자가 아들인 위과를 불러 자신이 죽으면 자신의 *첩을 다른 곳에 시집보내라고 하였다. 얼마 후, 위무자의 건강이 매우 나빠졌다. 그러자 위무자는 말을 바꾸어 자신이 죽을 때 첩도 함께 묻으라고 했다. 그리고 세상을 떠났다. 위과는 아버지가 남긴 유언 중에서 무엇을 따를까 고민하다가 아버지께서 건강이 매우 나빠지기 전에 남기신 말씀을 따르기로 했다. 그래서 아버지의 첩을 다른 곳에 시집보냈다.
>
> 세월이 흘러 진나라에 전쟁이 일어났다. 전쟁에 나간 위과는 싸우다가 적군 장수에게 쫓기게 되었다. 그런데 갑자기 무덤 위의 풀이 묶이면서 적군 장수가 그 풀에 걸려 넘어지는 바람에 위과는 적군 장수를 잡고 큰 공을 세울 수 있었다. 그날 밤 한 노인이 위과의 꿈속에 나타났다.
>
> "나는 네가 시집보낸 아이의 아버지다. 오늘 내가 무덤 위에 있던 풀을 묶어 네 은혜에 보답하였다."
>
> 첩의 아버지가 죽어 *혼령이 되었지만 딸의 은혜를 갚으려고 나타난 것이다.
>
> * **첩**: 결혼한 남자가 정식 아내 외에 데리고 사는 여자.
> * **혼령**: 죽은 사람의 넋.

① 자가당착   ② 경거망동   ③ 동분서주
④ 결초보은   ⑤ 동문서답

2 ㉠에 들어갈 알맞은 사자성어는 무엇인가요? (   )

> 민찬이는 사촌 동생 우찬이와 함께 놀이터에 갔다. 민찬이네 집에 놀러 온 우찬이는 두 살 때부터 미국에서 살아서 우리말이 무척 서툴다. 민찬이는 조금 걱정이 되었지만 그렇다고 문제가 될 것 같지는 않았다.
>
> "우찬아, 무슨 놀이 좋아해?"
>
> "우찬이는 놀이터 좋아해."
>
> "아니, 그 말이 아니고 무슨 놀이 좋아하냐고?"
>
> "우찬이는 매일 놀이터에 간다."
>
> 우찬이가 자꾸 [㉠] 하자 민찬이의 얼굴이 점점 굳어졌다.

① 심사숙고   ② 동문서답   ③ 언행일치
④ 이실직고   ⑤ 감언이설

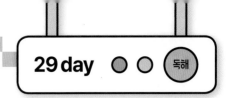

[3~5] 다음 글을 읽고, 물음에 답하세요.

어느 날, 윤봉길이 상하이에 있는 김구를 찾아왔다.

"저는 충남 덕산에서 온 윤봉길이라고 합니다. 조국을 위해 목숨을 바쳐 큰일을 해야겠다는 신념으로 상하이에 왔습니다."

"마침 당신과 같은 인물을 찾던 중이었소. 곧 홍커우 공원에서 일본 천황의 생일을 축하하는 행사가 열릴 것이오. 이날 조국을 위해 큰일을 한번 해 보겠소?"

윤봉길은 고개를 끄덕였다.

1932년 4월 29일, 홍커우 공원에서 일본 천황의 생일 축하 행사가 열렸다. 이 자리에서 윤봉길은 도시락과 물통 모양의 폭탄을 식장에 던졌다. 그 결과, 일본군 장교들과 관리들이 죽거나 다쳤다. 윤봉길은 그 자리에서 체포되었고, 젊은 나이에 *순국하였다.

㉠윤봉길 의사의 홍커우 공원 *의거는 오랜 *식민지 생활로 자포자기한 우리 국민들에게 한 줄기 빛이 되었다.

＊**순국하다**: 나라를 위하여 목숨을 바치다.
＊**의거**: 정의를 위하여 옳은 일을 일으킴.
＊**식민지**: 힘이 센 다른 나라에게 정치적, 경제적으로 지배를 받는 나라.

3 이 글을 읽고 알 수 있는 사실이 <u>아닌</u> 것을 두 가지 고르세요. (   )

① 윤봉길의 탄생　　　　② 윤봉길의 업적　　　　③ 윤봉길의 신념
④ 윤봉길의 어린 시절　　⑤ 홍커우 공원 의거의 의의

4 다음 (   ) 안에 들어갈 알맞은 사자성어에 ○표 하세요.

• 윤봉길은 (언행일치 , 어불성설)의 삶을 살았다.

5 ㉠의 뜻에 맞게 빈칸에 들어갈 알맞은 말을 보기 에서 찾아 쓰세요.

> 보기
>
> 원망　　　　재미　　　　포기　　　　희망

• 홍커우 공원 의거는 오랜 식민지 생활로 독립에 대한 꿈을 (1) (   )했던 우리 국민들에게 (2) (   )을/를 주었다.

사자성어 총정리

1 사자성어의 뜻에 알맞은 낱말을 골라 ○표 하세요.

❶ 심사숙고   깊이 잘 (간직함 , 생각함).

❷ 어불성설   말이 이치에 (맞음 , 맞지 않음).

❸ 유언비어   아무 근거 없이 널리 퍼진 (냄새 , 소문).

❹ 자화자찬   자기가 한 일을 스스로 (자랑함 , 해결함).

❺ 감언이설   남의 마음을 꾀기 위한 (달콤한 , 어려운) 말.

❻ 결초보은   죽은 뒤에라도 (원수 , 은혜)를 잊지 않고 갚음.

❼ 동문서답   물음과는 전혀 상관없는 (엉뚱한 , 자세한) 대답.

❽ 분골쇄신   어떤 일에 온 힘을 다해 (피하는 , 노력하는) 것.

❾ 언행일치   말과 행동이 (같음 , 다름). 또는 말한 대로 행동함.

❿ 자가당착   사람의 말이나 행동이 앞뒤가 서로 (맞음 , 맞지 않음).

⓫ 주경야독   어려운 환경 속에서도 열심히 (기부하는 , 공부하는) 것.

⓬ 자포자기   절망에 빠져서 자신을 스스로 (위로하고 , 포기하고) 돌아보지 아니함.

2 다음 뜻을 가진 사자성어를 완성하세요.

❶ 잠자코 아무 대답도 하지 않음.

➡ | 묵 | | | |

❷ 세상의 온갖 고생과 어려움을 다 겪음.

➡ | | | 전 | |

❸ 한 가지 일에 대하여 말을 이랬다저랬다 함.

➡ | | 구 | | |

❹ 경솔하고 조심성 없이 행동함. 또는 그런 행동.

➡ | | | 동 | |

❺ 이미 한 말을 자꾸 되풀이하는 행동이나 그 런 말.

➡ | 중 | | | |

❻ 숨기거나 거짓말을 하지 않고 사실 그대로 말하는 것.

➡ | | 직 | | |

❼ 잘한 것과 잘못한 것.

➡ | | | | |

❽ 망설이기만 하고 결정을 짓지 못함.

➡ | | | | |

❾ 정도를 지나침은 미치지 못함과 같음.

➡ | | | | |

❿ 사방으로 이리저리 몹시 바쁘게 돌아다님.

➡ | | | | |

⓫ 남보다 앞장서서 먼저 행동하여 다른 사람 의 본보기가 됨.

➡ | | | | |

⓬ 원수를 갚거나 마음먹은 일을 이루기 위하 여 온갖 어려움과 괴로움을 참고 견디는 것.

➡ | | | | |

일의 상황

우리는 살면서 다양한 상황을 만나.

좋은 일이 연달아 일어나기도 하고 나쁜 일이 계속되어지기도 하지.

또 불행한 일이 바뀌어 좋은 일이 되기도 해.

이번 장에서는 일의 상황과 관련된 사자성어를 알아보자.

●학습 계획표●

공부한 날		학습 내용	확인
31 day	/	오늘의 어휘 116 ~ 121	
32 day	/	오늘의 어휘 122 ~ 128	
33 day	/	어휘 먹고, 독해 먹고	
34 day	/	오늘의 어휘 129 ~ 135	
35 day	/	오늘의 어휘 136 ~ 141	
36 day	/	어휘 먹고, 독해 먹고	
37 day	/	오늘의 어휘 142 ~ 148	
38 day	/	오늘의 어휘 149 ~ 153	
39 day	/	어휘 먹고, 독해 먹고	
40 day	/	척 하면 착! 사자성어 총정리	

116 다다익선 | 多 많을 다　多 많을 다　益 더할 익　善 착할 선

많으면 많을수록 좋아요.

한 아이가 *카트에 과자와 음료수를 잔뜩 싣고 가네. 과자와 음료수는 얼마만큼 있으면 좋을까? 아마 대부분 그림에 나온 아이처럼 많으면 많을수록 좋다고 하겠지? 이런 상황에 어울리는 말이 '다다익선'이야.

많으면 많을수록 더욱 좋음을 뜻하지.

*카트: 물건을 실어 나를 수 있도록 만든 작은 손수레.

이렇게 써먹자~ 엄마, **다다익선**이라는 말이 있잖아요. 용돈은 많이 주실수록 좋아요.

117 속수무책 | 束 묶을 속　手 손 수　無 없을 무　策 꾀 책

바람이 너무 세서 어찌할 방법이 없네.

우산을 쓰고 가는데 바람이 불어 우산이 그만 뒤집어졌네. 하지만 바람이 너무 세서 다시 우산을 펼수가 없어. 이럴 때 '속수무책'이라는 말을 써.

손을 묶은 것처럼 어찌할 *도리가 없어 꼼짝 못 함을 뜻하는 말이지.

*도리: 어떤 일을 하거나 문제를 해결하기 위한 방법.

이렇게 써먹자~ 지진과 같은 자연재해가 나면 어찌할 도리 없이 **속수무책**으로 당할 때가 있어.

118 **오리무중** | 五 다섯 오　里 마을 리　霧 안개 무　中 가운데 중

안개가 너무 짙어서 동생이 어디에 있는지 알 수가 없네.

동생이 짙은 안개 속에 있어서 찾을 수가 없나 봐. '오리무중'은 이럴 때 쓰는 말이야.

한자 그대로 풀이하면 오 *리나 되는 짙은 안개 속에 있다는 말이야. 어떤 일의 해결 방향을 찾을 수 없거나 사람이 어디에 있는지 알 수 없는 상태를 뜻하지.

＊**리**: 거리의 단위. 1리는 약 0.393km이다.

119
비 **미궁**: 사건, 문제 따위가 얽혀서 쉽게 해결하지 못하게 된 상태.

─────────

이렇게 써먹자~ 사건은 여전히 **오리무중** 상태야. 아직 범인을 찾지 못했거든.

---

120 **함흥차사** | 咸 다 함　興 일어날 흥　差 어그러질 차　使 부릴 사

두부 사 오라는 심부름을 보낸 지가 언젠데 왜 안 오는 거야?

엄마가 두부 사 오라고 심부름을 보냈는데 심부름을 간 사람이 오지 않고 있나 봐.

이렇게 심부름을 가서 오지 않거나 늦게 온 사람을 뜻하는 말이 있어. 바로 '함흥차사'야. 이 말은 조선 시대 때 이성계를 모시러 함흥에 간 신하들마다 돌아오지 않은 것에서 유래했어.

121
비 **일무소식**: 전혀 소식이 없음.

└─ 하나 일　無 없을 무　消 꺼질 소　息 숨쉴 식

─────────

이렇게 써먹자~ 옆집에 심부름을 간 누나가 올 때가 지났는데 아직도 **함흥차사**야.

퀴즈! 퀴즈!

기적특강

1 다음 그림을 보고, 사자성어를 완성하세요.

(1)

> 바람이 너무 세서
> 어찌할 방법이 없네.

| 속 | 수 | | |

(2)

> 심부름을 보낸 지가
> 언젠데 왜
> 안 오는 거야?

ㅎㅎㅊㅅ

➡ _____

(3)

> 많으면 많을수록
> 좋아요.

| | | 익 | 선 |

(4)

> 안개가 너무 짙어서
> 동생이 어디에 있는지
> 알 수가 없네.

ㅇㄹㅁㅈ

➡ _____

2 다음 글자 카드를 이용하여 문제의 답을 완성하세요.

| 결 | 도 | 로 | 리 | 해 |

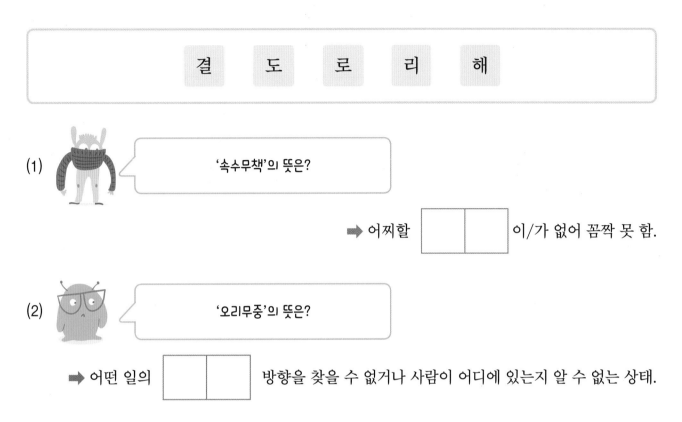

(1) '속수무책'의 뜻은?

➡ 어찌할 ☐☐ 이/가 없어 꼼짝 못 함.

(2) '오리무중'의 뜻은?

➡ 어떤 일의 ☐☐ 방향을 찾을 수 없거나 사람이 어디에 있는지 알 수 없는 상태.

3 다음 상황에 어울리는 사자성어를 찾아 선으로 이으세요.

(1) 형은 친구네 집에만 가면 오지를 않아. • • ㉮ 다다익선

(2) 도와줄 사람이 많으면 많을수록 좋지! • • ㉯ 속수무책

(3) 무인 감시 카메라를 달았지만 쓰레기 무단 투기를 막을 수가 없어. • • ㉰ 함흥차사

122 구사일생 | 九 아홉구   死 죽을사   一 하나일   生 날생

곰과 호랑이를 만나 여러 번 죽을 뻔했지만 겨우 살아남았네.

휴~

사냥꾼이 여러 번 죽을 위기를 넘기고 겨우 살아남았어. 이런 상황에 어울리는 말이 '구사일생'이야.

'구사일생'을 한자 그대로 풀이하면 아홉 번 죽을 뻔하다 한 번 살아난다는 말이야. 죽을 뻔한 상황을 여러 번 넘기고 겨우 살아남을 뜻하지.

123
비 십생구사: 위태로운 지경에서 겨우 벗어남을 이르는 말.
└ 十 열십   生 날생   九 아홉구   死 죽을사

이렇게 써먹자~ 바다에서 수영을 하다가 파도에 휩쓸렸는데 **구사일생**으로 살아났어.

---

124 고진감래 | 苦 쓸고   盡 다할진   甘 달감   來 올래

그동안 훈련하느라 힘들었지만 금메달을 따니 좋네요.

오랜 시간 훈련하느라 고생한 선수가 힘든 시기를 잘 견디니까 금메달을 따는 좋은 일이 생겼어. 이런 경우에 어울리는 말이 '고진감래'야.

'고진감래'를 한자 그대로 풀이하면 쓴 것이 다하면 단 것이 온다는 말이야. 힘든 일이 끝난 후에 즐거운 일이 생김을 뜻하는 말이지.

125
비 고생 끝에 낙이 온다

이렇게 써먹자~ **고진감래**라더니 아빠가 그동안 고생하며 한 사업이 드디어 성공했어.

2 가로 열쇠, 세로 열쇠를 보고 낱말 퍼즐을 완성하세요.

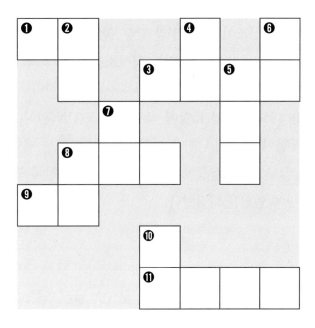

가로 열쇠

❶ 유비무환: 미리 준비가 되어 있으면 ○○ 할 것이 없음.

❸ '○○○○에 날벼락'은 '청천벽력'과 비슷한 뜻의 속담이다.

❽ 움직임이나 태도가 느리게. 예 뛰지 말고 ○○○ 걸어서 가자.

❾ 가래떡을 얇게 썰어 맑은 국에 넣고 끓인 음식.

⓫ 학문, 예술, 사회, 문화 등 모든 분야에 관한 지식을 설명해 놓은 책. 예 도서관에 있는 동물 ○○○○에서 바다표범 사진을 보았다.

세로 열쇠

❷ 망연자실: ○○이 나간 것처럼 멍함.

❹ 다 자란 사람.

❺ 내용이 서로 반대인 두 개의 문장을 이어 줄 때 쓰는 말.

❻ 통통한 작은 덩이 여러 쪽이 둥근 모양을 이루고 있고, 독특한 냄새가 있어 양념과 반찬에 널리 쓰이는 채소.

❼ 어떤 조건에 알맞은 사람이나 물건을 책임 지고 소개함.

❽ 하늘에 있다는, 평화롭고 모두가 행복해하는 이상적인 세상.

❿ 명명○○: 의심할 여지없이 아주 뚜렷함.

1 ㉠과 ㉡에 들어갈 사자성어가 바르게 짝 지어진 것은 무엇인가요? (   )

> **(가)** 요즈음 '노잼'과 같은 *신조어나 '삼김'과 같은 줄임 말을 사용하는 사람들이 많다. 이런 말을 사용하면 그 말이 [㉠   ]인 사람과는 의사소통이 잘 되지 않고, 우리말이 파괴될 수도 있다. 따라서 신조어나 줄임 말 대신 올바른 우리말을 사용해야 한다.
>
> **(나)** 인천 상륙 작전은 1950년 9월 15일에 국제 연합군(UN군)이 인천에 상륙하여 6·25 전쟁의 *전세를 뒤바꾼 군사 작전이다. 당시 남한은 부산 및 일부 지역을 제외한 대부분의 지역을 북한에게 빼앗겼다. 이런 [㉡   ]의 상황에서 맥아더 장군은 인천에 국제 연합군을 상륙시켰고, 작전이 시작된 지 24시간 만에 인천을 되찾았다.
>
> *신조어: 새로 생긴 말.
> *전세: 전쟁, 경기, 싸움 등의 형세나 형편.

① ㉠: 금시초문, ㉡: 유비무환   ② ㉠: 금시초문, ㉡: 풍전등화

③ ㉠: 망연자실, ㉡: 풍전등화   ④ ㉠: 풍전등화, ㉡: 금시초문

⑤ ㉠: 풍전등화, ㉡: 망연자실

2 다음 글에 나온 랍비의 상황에 어울리는 사자성어를 고르세요.

> 한 랍비가 나귀 한 마리, 개 한 마리를 데리고 여행을 했어요. 밤이 되어 잘 곳을 찾은 랍비는 헛간을 발견하고 그곳에 짐을 풀었지요. 그런데 잠들기엔 아직 이른 것 같았어요. 그래서 등불을 켜고 책을 읽고 있었는데, 갑자기 바람이 불어 등불이 꺼졌어요. 랍비는 할 수 없이 잠을 잤어요. 그런데 그날 밤 여우가 랍비의 개를, 사자가 랍비의 나귀를 물어갔어요.
>
> 다음 날 아침, 랍비가 일어나 보니 마을에는 아무도 없었어요. 전날 밤 도적 떼가 나타나 마을을 공격했기 때문이에요. 만약 전날 밤 헛간에 있던 등불이 꺼지지 않았다면 랍비도 도적 떼에게 발견되어 위험에 처했을 거예요. 또 랍비의 개나 나귀가 살아 있었다면 짖거나 소란을 피워 도적 떼에게 발견되었을 거예요. 전날 밤 랍비에게 일어난 불행한 일이 랍비의 목숨을 구한 것이에요.

함흥차사   전화위복   유비무환

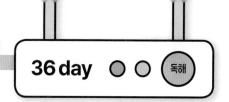
[3~5] 다음 글을 읽고, 물음에 답하세요.

미래 식량 부족 문제의 *대안으로 곤충이 떠오르고 있다. 2013년 유엔 식량 농업 기구는 미래의 식량 부족 문제를 해결할 방안으로 곤충을 꼽았다. 곤충을 미래 먹거리로 활용하면 여러 가지 좋은 점이 있다.

먼저, 풍부한 영양분을 *섭취할 수 있다. 곤충에는 단백질, 비타민 등과 같은 영양분이 풍부하다. 실제로 한 병원에서 실험한 결과, 식용 곤충을 먹은 환자의 단백질 섭취율이 약 20퍼센트 늘어났다고 한다.

곤충을 기르면 환경 피해도 줄일 수 있다. 곤충은 좁은 공간과 적은 양의 사료로도 키울 수 있다. 또 소나 돼지와 같은 가축을 기르는 것보다 온실가스도 적게 배출된다. 또한 음식물 쓰레기를 곤충의 먹이로 사용할 수도 있어 환경 피해를 줄이는 데 효과적이다.

사회 곳곳에서도 곤충 산업을 발전시키기 위해 노력하고 있다. ○○시는 곤충을 미래 먹거리로 선정하고 앞으로 곤충 산업을 적극 성장시키기 위해 [㉠   ]의 자세로 철저히 준비하겠다고 밝혔다. 여러 기업들도 곤충을 먹는 것을 꺼리는 사람들을 위해 곤충을 갈아 과자, 쉐이크 등과 같은 제품으로 만들고 있다. 곤충의 효과를 알고 곤충을 미래 먹거리로 적극 활용하자.

＊**대안**: 어떤 일에 대처할 방안.
＊**섭취하다**: 영양분 등을 몸속에 받아들이다.

3 이 글에 담긴 글쓴이의 주장은 무엇인지 쓰세요.

• 곤충을 (   )(으)로 적극 활용하자.

4 ㉠에 들어갈 사자성어로 알맞은 것은 무엇인가요? (   )

① 망연자실   ② 오리무중   ③ 유비무환
④ 청천벽력   ⑤ 진퇴양난

5 이 글을 읽고 보인 반응으로 알맞지 <u>않은</u> 것에 ✕표 하세요.

(1) 현재 곤충 산업은 풍전등화와 같구나. (   )

(2) 곤충을 미래 먹거리로 활용하면 일석이조의 효과가 있구나. (   )

(3) 곤충을 먹으면 풍부한 영양분을 섭취할 수 있다는 것은 명명백백한 사실이야. (   )

오늘의 어휘

142 오비이락 | 烏 까마귀 오　飛 날 비　梨 배나무 이　落 떨어질 락

까마귀가 날자마자 우연히 배 하나가 땅으로 떨어졌어. 까마귀가 그런 게 아닌데 아이는 까마귀가 배를 떨어뜨렸다고 생각하나 봐.

이처럼 아무 관계없이 한 일이 동시에 일어나 의심을 받거나 난처하게 된 상황을 뜻하는 말이 있는데, 바로 '오비이락'이야.

> **143**
> 비 까마귀 날자 배 떨어진다

이렇게 써먹자~ **오비이락**이라더니 친구 혼자 넘어진 건데 내가 발을 걸어서 넘어진 거라는 오해를 받았어. 난 그때 그냥 지나가고 있었는데 말이지.

144 자업자득 | 自 스스로 자　業 업 업　自 스스로 자　得 얻을 득

야식을 자주 먹었더니 살이 쪘어.

야식을 자주 먹으면 어떻게 될까? 아마도 살이 찌겠지?

이처럼 자기가 저지른 일의 결과를 자기가 받음을 뜻하는 말이 '자업자득'이야.

> **145**
> 비 **자승자박**: 자기가 한 말과 행동 때문에 자신이 곤란하게 되거나 괴로움을 당하게 됨.
>
> └ 自 스스로 자　繩 줄 승　自 스스로 자　縛 묶을 박

이렇게 써먹자~ 노느라 숙제를 못 해서 선생님께 혼났구나! **자업자득**이네.

146 희로애락 | 喜 기쁠 희　怒 성낼 로　哀 슬플 애　樂 즐길 락

살면서 기쁨, 분노, 슬픔, 즐거움을 느낄 때가 있지? 이처럼 기쁨과 *노여움과 슬픔과 즐거움을 아울러 이르는 말을 '희로애락'이라고 해. 다시 말해 사람이 느끼는 여러 가지 감정을 일컫는 말이지. 한 사람의 인생이나 얼마 동안 벌어진 갖가지 일들을 말할 때에도 쓰여. '희노애락'이라고 쓰지 않도록 주의하자.

* **노여움**: 몹시 불쾌하여 화가 난 감정.

이렇게 써먹자~ 지난 몇 년 동안 **희로애락**을 겪었어. 정말 많은 일이 있었지.

147 구우일모 | 九 아홉 구　牛 소 우　一 하나 일　毛 털 모

아홉 마리 소가 가진 털을 모두 합하면 정말 상상할 수도 없이 많겠지?

'구우일모'를 한자 그대로 풀이하면 아홉 마리의 소 가운데 박힌 하나의 털이란 말이야. 매우 많은 것 중에 극히 적은 수를 뜻하지.

148
비 **창해일속**: 아주 많거나 넓은 것 가운데 있는 매우 하찮고 작은 것을 이르는 말.

└ 滄 찰 창　海 바다 해　一 하나 일　粟 조 속

이렇게 써먹자~ 오늘 바닷가에서 주운 쓰레기는 **구우일모**에 불과해. 바닷속에도 쓰레기가 엄청 많거든.

1 다음 그림을 보고, 사자성어를 완성하세요.

(1)

ㅇ ㅂ ㅇ ㄹ

➡ _____

(2)

ㅎ ㄹ ㅇ ㄹ

➡ _____

(3)

야식을 자주 먹었더니
살이 쪘어.

| 자 | 업 | | |

(4)

아홉 마리 소가 가진
털 중에 하나야.

| | | 일 | 모 |

2 다음과 같은 뜻을 가진 사자성어가 되도록 알맞은 말에 ○표 하세요.

(1) 매우 많은 것 중에 극히 적은 수. ➡️

| 구우 | 애락 |
| 희로 | 일모 |

(2) 자기가 저지른 일의 결과를 자기가 받음. ➡️

| 자업 | 자득 |
| 창해 | 일속 |

(3) 아무 관계없이 한 일이 동시에 일어나 의심을 받거나 난처하게 된 상황. ➡️

| 동고 | 이락 |
| 오비 | 동락 |

3 사자성어를 알맞게 사용한 칸을 색칠하세요.

❶ 오비이락이라더니 아빠가 드디어 자전거를 사 주셨어.	❷ 옷을 얇게 입고 다니니까 감기에 걸리지. <u>자업자득</u>인 거야.	❸ 그동안 <u>희로애락</u>을 함께 겪었던 너와 헤어진다니 정말 슬프구나.
❹ <u>구우일모</u>라는 말처럼 사람은 욕심을 부리면 절대 안 돼.	❺ 이번 일은 <u>구우일모</u>일 뿐이야. 그 사람들이 저지른 나쁜 짓이 엄청 많거든.	❻ <u>오비이락</u>이라는 말처럼 무슨 일이든지 끈기 있게 노력하면 반드시 이룰 수 있어.

오늘의 어휘

149 금상첨화 | 錦 비단금 上 위상 添 더할첨 花 꽃화

곱고 예쁜 비단 위에 색실로 꽃을 수놓으니까 더 아름답고 멋지다. 이럴 때 '금상첨화'라는 말을 써.

'금상첨화'를 한자 그대로 풀이하면 비단 위에 꽃을 더한다는 말이야. 좋은 일에 또 좋은 일이 더 일어남을 뜻하는 말이지.

＊**수놓다**: 바늘에 색실을 꿰어 헝겊에 무늬나 그림, 글자를 떠서 놓다.

> **150**
> **반** **설상가상**: 곤란하거나 불행한 일이 잇따라 일어남.
> └ 雪 눈설 上 위상 加 더할가 霜 서리상

이렇게 써먹자~ 이 옷은 디자인도 예쁜데 가격도 싸서 **금상첨화**야.

151 만사형통 | 萬 일만만 事 일사 亨 형통할형 通 통할통

하는 일 모두 잘 이루어지길 바란다.

세배를 한 아빠와 엄마에게 할아버지께서 하는 일 모두 잘 이루어지길 바란다는 말씀을 해 주고 계셔. 이런 할아버지의 말씀과 딱 맞는 말이 '만사형통'이야.

모든 일이 다 바라는 대로 이루어짐을 뜻하는 말이지.

이렇게 써먹자~ 새해에는 **만사형통**하기를 바랄게. 모든 일이 뜻하는 대로 되었으면 좋겠어.

152 호사다마 | 好 좋을 호   事 일 사   多 많을 다   魔 마귀 마

졸업식이라는 좋은 일을 앞두고 얼굴에 상처가 나는 나쁜 일이 생겼네. 이럴 때 쓰는 말이 '호사다마'야.

'호사다마'는 좋은 일에는 뜻하지 않은 나쁜 일이 많이 생김을 뜻해.

이렇게 써먹자~ **호사다마**라는 말처럼 좋은 일에는 방해되는 일이 많은 법이야.

153 사필귀정 | 事 일 사   必 반드시 필   歸 돌아올 귀   正 바를 정

이순신 장군이 억울하게 감옥에 갇혔다가 결국 풀려났어. 이런 상황에 어울리는 말이 '사필귀정'이야.

'사필귀정'은 모든 일은 반드시 올바른 길로 돌아감을 뜻하는 말이야. 바르지 못한 일도 결국 바르게 됨을 이르는 말이지.

이렇게 써먹자~ 백설 공주는 독이 든 사과를 먹고 죽었다가 왕자님의 도움으로 다시 살아나 행복을 되찾았어. **사필귀정**으로 이야기가 끝난 거지.

+ 퀴즈! 퀴즈!

1 다음 그림을 보고, 사자성어를 완성하세요.

(1)

> 하는 일 모두 잘 이루어지길 바란다.

ㅁ ㅅ ㅎ ㅌ

➡ _____

(2)

> 졸업식이 내일인데 얼굴에 상처가 나다니……

호	사		

(3)

> 이순신 장군이 억울하게 감옥에 갇혔다가 풀려났구나!

이순신
...

		귀	정

(4)

ㄱ ㅅ ㅊ ㅎ

➡ _____

2 다음 뜻을 가진 사자성어를 고르고, 해당하는 낱자를 조합해서 글자를 만들어 쓰세요.

모든 일은 반드시 올바른 길로 돌아감.	
좋은 일에 또 좋은 일이 더 일어남.	

ㄱ	사필귀정
ㄴ	호사다마
ㅏ	금상첨화
ㅓ	설상가상

(   )

3 다음 사다리를 따라가 사자성어에 어울리는 상황이면 ○표, 어울리는 상황이 <u>아니면</u> ✕표 하세요.

(1)	(2)	(3)	(4)
금상첨화	호사다마	만사형통	사필귀정

지금까지 한 일이 바라는 대로 이루어져서 다행이야.

동생이 놀아 달라고 계속 조르는 거야.

생일이라고 이모에게 용돈을 받았는데 고모가 새 신발도 사 주셨어.

친구가 빌린 돈을 갚지 않아서 화가 나.

□	□	□	□

1 ㉠에 들어갈 말로 알맞은 것에 ○표 하세요.

> 주말을 맞아 엄마와 함께 창경궁에 다녀왔다. 조선 시대의 궁궐에 직접 가 보고 싶었기 때문이다.
> 창경궁에 도착하니 정문인 홍화문이 나를 크게 반겨 주는 듯했다. 홍화문을 지나 창경궁으로 들
> 어갔다. 그리고 옥천교라는 돌다리를 건너 명정전과 문정전에 갔다. 엄마께서 명정전은 영조가 혼
> 례식을 올린 곳이고, 문정전은 영조가 아들인 사도세자를 *뒤주에 가두어 죽인 곳이라고 하셨다. 명
> 정전과 문정전을 둘러보면서 [　　　　　㉠　　　　　] 생각이 들었다.
>
> *뒤주: 쌀, 보리, 콩 등의 곡식을 담아 두는 데 쓰는 네모나고 큰 나무 상자.

(1) '오비이락'이라는 말이 딱 어울린다는 (　　　　)

(2) 창경궁은 영조의 희로애락이 담긴 곳이라는 (　　　　)

(3) '금상첨화'라는 말의 뜻을 다시 한번 되새겨 봐야겠다는 (　　　　)

2 다음 글을 읽고, 빈칸에 들어갈 알맞은 말을 차례대로 쓰세요.

> 어느 마을에 큰 우물이 있었어요. 마을 사람들 모두 이 우물에 있는 물을 길어다 마셨지요. 김 서
> 방도 마찬가지였어요. 김 서방은 아침마다 우물에 가서 그날그날 마실 물을 길어 왔어요.
> 그러던 어느 날이었어요. 그날도 우물에 간 김 서방은 *두레박을 잡으려고 손을 뻗었어요. 그런데
> 갑자기 두레박줄이 끊어지는 거예요. 두레박이 우물 안에 빠져 더 이상 물을 퍼 올릴 수가 없게 됐
> 어요. 그때 박 서방이 물을 길러 왔어요.
> "아니! 두레박이 우물 안에 빠졌잖아? 김 서방, 자네가 그랬지?"
> "아…… 아니야. 갑자기 두레박줄이 끊어진 거라고."
> 김 서방은 박 서방이 자신을 의심하자 너무 억울했어요.
>
> *두레박: 줄을 길게 달아 우물물을 퍼 올리는 데 쓰는 도구.

> 우물에 간 김 서방은 (1) (　　　　　　　)을/를 잡으려고 손을 뻗었는데 갑자기 (2) (　　　　　　　)
> 이/가 끊어졌다. 박 서방은 김 서방이 두레박을 우물 안에 빠뜨린 것으로 의심하였다. 이 상황에 어
> 울리는 사자성어가 (3) '(　　　　　　　)'이다.

[3~5] 다음 글을 읽고, 물음에 답하세요.

한나라의 이릉이라는 장수가 흉노족과 싸우다가 포로로 잡혔다. 이릉은 살아남아서 훗날 흉노족에게 복수하기 위해 어쩔 수 없이 항복하였다. 하지만 흉노족의 왕은 오히려 이릉이 용감하다며 이릉을 정성껏 대접하였다. 이 소식을 들은 한나라의 왕 무제는 크게 화를 내었다. 신하들도 모두 이릉에게 벌을 내리라고 하였다. 하지만 사마천만은 이릉의 편에서 이야기하였다. 무제는 사마천을 감옥에 가두었다. 감옥에 갇힌 사마천은 친구에게 편지를 보내 자신의 생각을 솔직하게 털어놓았다.

㉠나의 죽음은 소 아홉 마리 중에서 털 하나가 빠지는 것과 마찬가지일 것이네. 하지만 아버지께서 유언으로 남기신 역사서 쓰는 일을 아직 완성하지 못했어. 그러니까 이런 어려움도 견뎌야 하겠지.

이 편지에서 유래한 말이 [㉡]이다. 그로부터 2년 뒤, 사마천은 중국 최초의 역사서인 『사기』를 완성하였다. 무제는 자신의 잘못을 뉘우치고 사마천의 죄를 용서해 준 뒤 사마천에게 다시 벼슬을 내렸다.

3 ㉠에 담긴 사마천의 생각으로 알맞은 것은 무엇인가요? ( )

① 죽음을 각오하고 끝까지 싸울 것이다.
② 자신처럼 억울하게 죽는 사람은 없다.
③ 자신의 죽음을 슬퍼하는 사람들이 많을 것이다.
④ 자신이 죽어도 아무도 거들떠보지 않을 것이다.
⑤ 죽어서라도 이릉의 억울함을 끝까지 밝히고 싶다.

4 ㉡에 들어갈 사자성어는 무엇인가요? ( )

① 금시초문   ② 만사형통   ③ 다다익선
④ 구사일생   ⑤ 구우일모

5 이 글을 읽고 든 생각이나 느낌으로 알맞은 것에 ○표 하세요.

(1) 사마천이 다시 벼슬을 얻었다니 역시 사필귀정이구나. ( )
(2) 사마천이 이릉의 편을 든 뒤로 모든 일은 만사형통이었어. ( )
(3) 흉노족의 왕이 포로인 이릉을 정성껏 대접하였다니 금상첨화구나. ( )

37 day　　　　　134~135쪽

1　(1) 오비이락　　　(2) 희로애락
　　(3) 자득　　　　　(4) 구우
2　(1) 구우일모　　　(2) 자업자득
　　(3) 오비이락
3
❶	❷	❸
❹	❺	❻

3　❶, ❻ '오비이락(烏飛梨落)'은 아무 관계없이 한 일이
　　동시에 일어나 의심을 받거나 난처하게 된 상황을
　　뜻하므로, ❶의 아빠가 자전거를 사 주신 내용, ❻
　　의 무슨 일이든 노력하면 이룰 수 있다는 내용과는
　　어울리지 않는다.
　　❹ '구우일모(九牛一毛)'는 매우 많은 것 중에 극히 적
　　은 수를 뜻하므로, 욕심을 부리면 안 된다는 내용과
　　는 어울리지 않는다.

38 day　　　　　138~139쪽

1　(1) 만사형통　　　(2) 다마
　　(3) 사필　　　　　(4) 금상첨화
2　가
3　(1) ○ (2) × (3) ○ (4) ×(풀이 참조)

3
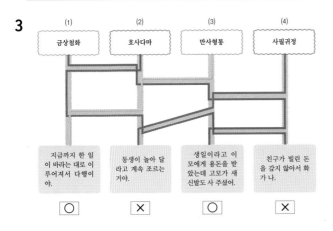

39 day　　　　　140~141쪽

1　(2) ○
2　(1) 두레박 (2) 두레박줄 (3) 오비이락
3　④　　　　　　　　4　⑤
5　(1) ○

1　명정전에서 영조의 결혼식(기쁘고 즐거운 일)이 열렸
　　고, 문정전에서 아들을 뒤주에 가두어 죽인 일(화가 나
　　고 슬픈 일)이 일어났으므로, 창경궁은 영조의 희로애
　　락이 담긴 곳이라는 생각을 할 수 있다.
2　김 서방이 두레박을 잡으려고 손을 뻗는 순간 두레박
　　줄이 끊어졌는데 박 서방은 김 서방이 두레박을 우물
　　안에 빠뜨린 것으로 의심을 하였다. 이럴 때 쓰는 말이
　　'오비이락(烏飛梨落)'이다.
3　㉠은 자신이 죽어도 아무도 거들떠보지 않을 것이라
　　는 생각이 담긴 표현이다.
4　사마천의 편지에서 유래한 사자성어는 '구우일모(九
　　牛一毛)'이다.
5　사마천이 억울하게 감옥에 갇혔다가 다시 관리가 된
　　일은 '사필귀정(事必歸正)'이라는 말로 표현할 수 있다.

40 day　　　　　142~143쪽

1　❶ 처음　　　　　❷ 좋음
　　❸ 적은　　　　　❹ 뚜렷함
　　❺ 올바른　　　　❻ 즐거운
　　❼ 어려움　　　　❽ 위태로운
　　❾ 어려운　　　　❿ 준비
　　⓫ 나쁜　　　　　⓬ 자기가
2　❶ 일석이조　　　❷ 금상첨화
　　❸ 만사형통　　　❹ 구사일생
　　❺ 전화위복　　　❻ 오리무중
　　❼ 망연자실　　　❽ 속수무책
　　❾ 청천벽력　　　❿ 함흥차사
　　⓫ 희로애락　　　⓬ 오비이락

어휘 찾아보기

ㄱ

감언이설(甘言利說)	78쪽
감탄고토(甘呑苦吐)	45쪽
개과천선(改過遷善)	14쪽
견물생심(見物生心)	11쪽
견원지간(犬猿之間)	44쪽
결자해지(結者解之)	14쪽
결초보은(結草報恩)	99쪽
경거망동(輕擧妄動)	88쪽
고군분투(孤軍奮鬪)	15쪽
고진감래(苦盡甘來)	116쪽
과유불급(過猶不及)	88쪽
관포지교(管鮑之交)	44쪽
구사일생(九死一生)	116쪽
구우일모(九牛一毛)	133쪽
군계일학(群鷄一鶴)	20쪽
근묵자흑(近墨者黑)	48쪽
금상첨화(錦上添花)	136쪽
금시초문(今始初聞)	122쪽

ㄴ

노심초사(勞心焦思)	34쪽

ㄷ

다다익선(多多益善)	112쪽
다사다난(多事多難)	117쪽
다재다능(多才多能)	30쪽
대기만성(大器晩成)	21쪽
독불장군(獨不將軍)	59쪽

동고동락(同苦同樂)	55쪽
동문서답(東問西答)	98쪽
동병상련(同病相憐)	69쪽
동분서주(東奔西走)	92쪽
동상이몽(同牀異夢)	65쪽

ㅁ

마이동풍(馬耳東風)	35쪽
막상막하(莫上莫下)	35쪽
만사형통(萬事亨通)	136쪽
망연자실(茫然自失)	126쪽
명명백백(明明白白)	127쪽
묵묵부답(默默不答)	78쪽

ㅂ

박학다식(博學多識)	10쪽
반신반의(半信半疑)	24쪽
반포지효(反哺之孝)	48쪽
배은망덕(背恩忘德)	69쪽
분골쇄신(粉骨碎身)	82쪽

ㅅ

사필귀정(事必歸正)	137쪽
산전수전(山戰水戰)	103쪽
살신성인(殺身成仁)	58쪽
상부상조(相扶相助)	45쪽
선견지명(先見之明)	21쪽
소탐대실(小貪大失)	25쪽
속수무책(束手無策)	112쪽

솔선수범(率先垂範) 92쪽

수수방관(袖手傍觀) 30쪽

순망치한(脣亡齒寒) 54쪽

시시비비(是是非非) 82쪽

심사숙고(深思熟考) 98쪽

십시일반(十匙一飯) 54쪽

ㅇ

안하무인(眼下無人) 68쪽

어부지리(漁夫之利) 68쪽

어불성설(語不成說) 103쪽

언행일치(言行一致) 99쪽

역지사지(易地思之) 49쪽

오리무중(五里霧中) 113쪽

오매불망(寤寐不忘) 11쪽

오비이락(烏飛梨落) 132쪽

와신상담(臥薪嘗膽) 83쪽

요지부동(搖之不動) 31쪽

우공이산(愚公移山) 25쪽

우유부단(優柔不斷) 93쪽

유비무환(有備無患) 126쪽

유언비어(流言蜚語) 79쪽

유유상종(類類相從) 64쪽

의기양양(意氣揚揚) 31쪽

이실직고(以實直告) 102쪽

이심전심(以心傳心) 59쪽

일구이언(一口二言) 89쪽

일석이조(一石二鳥) 122쪽

일취월장(日就月將) 10쪽

ㅈ

자가당착(自家撞着) 83쪽

자업자득(自業自得) 132쪽

자포자기(自暴自棄) 102쪽

자화자찬(自畵自讚) 79쪽

작심삼일(作心三日) 20쪽

적반하장(賊反荷杖) 65쪽

전화위복(轉禍爲福) 123쪽

조삼모사(朝三暮四) 34쪽

주객전도(主客顚倒) 58쪽

주경야독(晝耕夜讀) 93쪽

죽마고우(竹馬故友) 64쪽

중언부언(重言復言) 89쪽

진퇴양난(進退兩難) 117쪽

ㅊ

청천벽력(靑天霹靂) 127쪽

청출어람(靑出於藍) 24쪽

ㅌ

타산지석(他山之石) 55쪽

태연자약(泰然自若) 15쪽

ㅍ

표리부동(表裏不同) 49쪽

풍전등화(風前燈火) 123쪽

ㅎ

함흥차사(咸興差使) 113쪽

호사다마(好事多魔) 137쪽

희로애락(喜怒哀樂) 133쪽

지은이 기적학습연구소

"혼자서 작은 산을 넘는 아이가 나중에 큰 산도 넘습니다."

본 연구소는 아이들이 혼자서 큰 산까지 넘을 수 있는 힘을 키워 주고자 합니다.
아이들의 연령에 맞게 학습의 산을 작게 만들어 혼자서도 쉽게 넘을 수 있게 만듭니다.
때로는 작은 고난도 경험하게 하여 성취감도 맛보게 합니다.
그리고 아이들에게 실제로 적용해서 검증을 통해 차근차근 책을 만들어 갑니다.
아이가 주인공인 기적학습연구소 [국어과]의 대표적 저작물은 〈기적의 독해력〉, 〈기적의 독서 논술〉, 〈30일 완성 한글 총정리〉,
〈어휘를 정복하는 한자의 힘〉 등이 있습니다.

 제대로 알면 눈에 쏙 박히는 사자성어

초판 발행 2023년 6월 29일
초판 3쇄 발행 2024년 8월 15일

지은이 기적학습연구소
발행인 이종원
발행처 길벗스쿨
출판사 등록일 2006년 6월 16일
주소 서울시 마포구 월드컵로 10길 56(서교동 467-9)
대표 전화 02)332-0931   **팩스** 02)323-0586
홈페이지 www.gilbutschool.co.kr   **이메일** gilbut@gilbut.co.kr

기획 신경아(skalion@gilbut.co.kr)   **책임 편집 및 진행** 박은숙, 유명희, 최지현
제작 이준호, 손일순, 이진혁   **영업마케팅** 문세연, 박선경, 박다슬   **웹마케팅** 박달님, 이재윤, 이지수, 나혜연
영업관리 김명자, 정경화   **독자지원** 윤정아

표지 디자인 유어텍스트 배진웅   **본문 디자인** 퍼플페이퍼 정보라   **본문 일러스트** 이창우
전산 편집 린 기획   **인쇄** 교보피앤비   **제본** 신정문화사

ISBN 979-11-6406-531-8 63710 (길벗스쿨 도서번호 10862)
정가 12,000원

독자의 1초를 아껴주는 정성 **길벗출판사** ··

길벗스쿨 국어학습서, 수학학습서, 유아콘텐츠유닛, 주니어어학 1 / 2, 어린이교양 1 / 2, 교과서, 길벗스쿨콘텐츠유닛
길벗 IT실용서, IT / 일반 수험서, IT전문서, 어학단행본, 어학수험서, 경제실용서, 취미실용서, 건강실용서, 자녀교육서
더퀘스트 인문교양서, 비즈니스서